JN093499

# クラシック
## 偽作・疑作大全

近藤健児／久保 健

青弓社

クラシック偽作・疑作大全
目次

はじめに　近藤健児………9

# 第1章
# カッチーニからペルゴレージまで………11
久保 健

1-1 『カッチーニのアヴェ・マリア』………13
1-2 オラツィオ・ベネヴォリの『53声のミサ曲』………17
1-3 『ヴィターリのシャコンヌ』………21
1-4 ヴィヴァルディ『忠実な羊飼い』………26
1-5 『アルビノーニのアダージョ』………30
1-6 ヘンデルの『ヴァイオリン・ソナタ』………33
1-7 バッハのドイツ語教会音楽………36
1-8 バッハのモテットと歌曲………40
1-9 バッハの『ルカ受難曲』………45
1-10 バッハのラテン語教会音楽………48
1-11 バッハのオルガン作品………52
1-12 バッハのクラヴィーア作品………56
1-13 バッハの室内楽作品………59
1-14 バッハの『管弦楽組曲第5番』………64
1-15 ペルゴレージの『コンチェルト・アルモニコ』………68
1-16 擬バロックの作曲家………72

# 第2章
# ハイドン、高い人気、多い偽作………78
近藤健児

2-1 『おもちゃの交響曲』………79

2-2 ディヴェルティメント ……… 84

2-3 フルート協奏曲 ……… 87

2-4 オーボエ協奏曲 ……… 89

2-5 クラリネット協奏曲 ……… 90

2-6 ホルン協奏曲 ……… 94

2-7 チェロ協奏曲 ……… 96

2-8 オルガン／チェンバロ協奏曲 ……… 98

2-9 弦楽四重奏曲 ……… 100

2-10 クラヴィーア・ソナタ 1 ……… 104

2-11 クラヴィーア・ソナタ 2 ……… 110

2-12 ミサ曲 ……… 112

第3章

# モーツァルト、
# 早すぎる死、多すぎる疑作 ……… 115

近藤健児

3-1 交響曲 1 ……… 117

3-2 交響曲 2 ……… 120

3-3 交響曲 3 ……… 123

3-4 交響曲 4 ……… 127

3-5 交響曲 5 ……… 129

3-6 協奏交響曲 ……… 132

3-7 管弦楽曲 ……… 137

3-8 ディヴェルティメント ……… 139

3-9 ヴァイオリン協奏曲 1 ……… 142

3-10 ヴァイオリン協奏曲 2 ……… 145

3-11 ファゴット協奏曲 ……… 148

**3-12** 弦楽五重奏曲 ········ 150

**3-13** 弦楽四重奏曲 ········ 151

**3-14** 弦楽三重奏曲 ········ 154

**3-15** ヴァイオリン・ソナタ ······· 156

**3-16** ピアノ曲 **1** ········ 158

**3-17** ピアノ曲 **2** ········ 160

**3-18** 宗教曲 **1** ······· 162

**3-19** 宗教曲 **2** ······· 165

**3-20** 歌曲 ········ 169

第**4**章

# ベートーヴェン以後 ········ 173

近藤健児

**4-1** ベートーヴェン **1**：交響曲 ········ 174

**4-2** ベートーヴェン **2**：ピアノ三重奏曲 ········ 176

**4-3** ベートーヴェン **3**：フルート・ソナタ ········ 178

**4-4** ベートーヴェン **4**：ピアノ曲 ········ 179

**4-5** シューベルト ········ 184

**4-6** ブラームス ········ 189

**4-7** マーラー ········ 191

本文デザイン・装丁──山田信也［ヤマダデザイン室］

## 凡例

[1] 作曲家・音楽学者などの人物名については初出にフルネームで表記し、生没年を付した。指揮者・演奏家については生没年を記していない。

[2] 楽曲名は『　』で表すことを原則としたが、一部の引用文では原文の表記に従った。

[3] 参考文献は適宜本文中に明記した。引用文は「　」で表し、引用元の文献ないしURLを明記した。ただし、それぞれの該当ページや詳細なURLは、付してある索引ないし目次から容易に割り出せるため、必要以上に記入することは煩雑と考え、基本的に省略した。

[4] 日本語版「Wikipedia」のURLは省略した。ページタイトルさえあれば容易に当該ページにアクセスできるので、必要性は高くないと判断したからである。

[5] 同一音源に複数存在するためCD番号は省略し、音源紹介は指揮者・演奏家などとレーベルだけとした。

# ━━━ はじめに ━━━

近藤健児

「偽作」とは、真の作曲者が別人と判明している作品、「疑作」とは、真の作曲者が他人かもしれないと疑われている作品を指す。18世紀までは売らんがために勝手に有名作曲家の名前を付けて別人の楽譜を出版するなど、かなりずさんなことが平気でなされていたため、大作曲家の作品目録のなかには相当数の偽作や疑作が紛れ込むことになった。当時から怪しまれてはいたのだろうが、現代になり研究が進むにつれて大作曲家の真作ではないことが明らかになった作品が増えてきている。広く知られているように、かつて『おもちゃの交響曲』はフランツ・ヨーゼフ・ハイドン（1732-1809）作とされていた。また『イエナ交響曲』はルートヴィヒ・ヴァン・ベートーヴェン（1770-1827）のボン時代の第0番に相当する交響曲と信じられていた。現在では、いずれもそうではないことが明らかにされている。

　偽作・疑作とされた作品のその後はさまざまだ。ハイドン作とされていた「セレナード」（『弦楽四重奏曲第17番ヘ長調Op.3-5』第2楽章）やヴォルフガング・アマデウス・モーツァルト（1756-91）の作とされていた『子守歌K.350』のように、他人の作とわかった途端に演奏も録音も激減した曲がある一方で、あの美しい「シチリアーノ」をもつヨハン・ゼバスティアン・バッハ（大バッハ、1685-1750）作とされていた『フルート・ソナタBWV 1031』のように、これまでと変わらずよく演奏されている曲もある。真作と信じられていた時代の録音でしか知ることができない曲もある一方で、曲そのものが魅力的なら、偽作・疑作と知ったうえであえて取り上げる演奏家もいるのだ。

いくら楽聖ベートーヴェンの真作でもつまらない曲はある。肝心なのは、真作か偽作かではなく、音楽そのものである。そもそも偽作といっても、同時代のほかの作曲家が真面目に作り上げた作品である。歴史のなかに埋もれてしまったが、大作曲家に比肩できる力量をもった当時は有名だった作曲家かもしれない。たとえ真の作曲家がわからなくても、それが名曲なら聴いてみたくなるではないか。

　ところが、である。偽作や疑作についてのまとまった情報は思った以上に少なく、散発的なのだ。それぞれの作曲家の全作品事典の類いで申し訳程度にふれているか、あとは熱心な方が公開しているウェブサイトに頼るしかない。音源情報も備えたコンパクトにまとまった一冊の本があればという思いを長年抱いてきたが、一向にそんなものは出版されない。いつもの悪い癖で、ならば自分で執筆しようと思い立ったものの、自分ではあまり聴かない大バッハをはじめとしたバロック音楽に詳しい共著者の力を借りなければ、どうしても実現は難しかった。幸いにも久保健氏の協力を得ることができ、青弓社が出版を引き受けてくれたことで、企画は動きだすことになった。久保氏は熱烈なバッハ音楽の愛好家で、まさしく共著者として最適任の人物である。

　繰り返しになるが、真作ではないから曲がつまらないという理由にはならない。一時は大作曲家の作品と信じられていた曲だ。先入観なしに耳を傾ければ、少なくない掘り出し物にきっと出合えることだろう。

　では、みなさんご一緒に偽作・疑作の世界へ。

2022年2月　　新型コロナウイルスの感染拡大がとまらない春に

# 第1章

# カッチーニから
# ペルゴレージまで

久保健

　本章では偽作関係者であるジュリオ・カッチーニ（1545／51ごろ-1618）からジョヴァンニ・バッティスタ・ペルゴレージ（1710-36）までのものとされる偽作・疑作を扱う。おおむねバロック時代の1600年から1750年に生まれた作品である。偽作というと贋作を連想させ、なにがしら犯罪のにおいを感じさせる。そのイメージどおり真の作曲者が別の作曲者を詐称するケースはあるが、作為が存在しないケースもある。何らかの誤解や混乱で、伝えられている作曲者とは別の真の作曲者が判明した（偽作になった）作品だとか、伝えられている作曲者が疑わしいだけのこともある。

　偽作が生まれるおおまかな理由をあげてみよう。

①作曲者本人が匿名を選択
②筆写の過程での混乱
③後世の研究者の誤認
④作曲者を詐称

　①これは、作曲者が作品を発表する際に自ら匿名を選択し、その結果として真の作曲者が不明になって、さまざまな憶測が生じたり、商業的に利用されたりするパターンだ。

②バロック時代は多くの印刷譜が出版されるようになったが、作品の普及はまだ筆写譜によるところが多かった。そもそも印刷されないことのほうが多く、手書きの楽譜、つまり手稿譜が印刷譜よりも主流だった。弟子たちは師の作品、師が収集した手稿譜を筆写して学習した。その筆写の過程で混乱が生じることがあった。いわば伝言ゲームと同じだ。

　③作曲者が不明、あるいは同作曲者の別の作品と音楽の様式が異なるなど、後世に研究がおこなわれた際、憶測や研究方法の間違いで作曲者が誤認されることがある。

　④作曲者が何らかの意図をもって別の作曲者を詐称することがある。偽作からイメージされるのはおもにこのパターンだろう。悪意はないこともあり、軽い気持ちで詐称することもある。営利目的での詐称もある。

　いずれにしても、これらの理由が複雑にからみあって偽作は生まれていくのだ。

　本章での掲載順は、原則として偽作の作曲者または関係者の生年順にしているが、例外もある。

　執筆にあたっては、専門書、論文、啓蒙書、CD解説文、パンフレット、そしてインターネット上の事典、文献、さまざまな議論も参考にした。ことにバッハ関連の楽譜はデジタル化が進んでいて、閲覧やデータの参照が可能になっている。「IMSLP」[1]（the International Music Score Library Project）もきわめて有用なサイトである。本文中、先行する研究を参照した際には、その研究者の名をできるかぎり入れるようにした。参考資料として紹介する音源はCD、DVD、ブルーレイディスクのほか、配信サイト、動画サイトも含めた。


**注**
（1）「IMSLP」（https://imslp.org/）［2022年5月10日アクセス］

# 1-1

## 『カッチーニのアヴェ・マリア』

スラヴァ盤

『カッチーニのアヴェ・マリア』
は、覚えやすく訴求力がある美しい
旋律で多くの愛好家を魅了してい
る。そして、フランツ・シューベル
ト（1797-1828）、シャルル・グノー
（1818-1893）のそれとともに、いま

や三大『アヴェ・マリア』のひとつに数えられている。しかし作曲
者として名を冠せられている「カッチーニ」は架空の作曲者といっ
てもいい。おそらく真の作曲者は、ウラディーミル・ヴァヴィロフ
（1925-73）とみられる。ヴァヴィロフはロシア（当時はソビエト連
邦）の撥弦楽器奏者・作曲家で、その名を伏せてさまざまな作品を
発表している。『カッチーニのアヴェ・マリア』もそのひとつで、
1970年に録音されたとみられる『16世紀から17世紀のリュート音
楽』（Melodiya）に、「16世紀の作曲者不詳」の『アヴェ・マリア』
として発表されている（下記収録曲リストの3曲目）。ここにはまだ
「カッチーニ」の名はなく、「作者不詳」だ。ヴァヴィロフを真の作
曲者とした、イスラエルのゼーフ・ガイゼルの研究によると、真作
なのは『グリーンスリーブス』だけということである。もしそうだ
とするなら、これはヴァヴィロフの高い才能を示すものだといえ
る。

①フランチェスコ・ダ・ミラノ－リュートのための組曲：カンツォ
　ーナと舞曲
②16世紀の民族音楽－スパンドリエッタ
③16世紀の作曲者不詳－アヴェ・マリア

④N・ニグリーノ‐リチェルカーレ

⑤W・ガリレオ（1520年代-1591）‐リュートのための組曲：パヴァーヌとガリアルド

⑥G・ノイジドラー（1508-1563）‐シャコンヌ

⑦16世紀のイギリス民族音楽‐グリーンスリーブスとガイヤールの歌

⑧トゥルディオン、フランスの古い舞曲

⑨J・A・バイフ‐パストレッラ

⑩D・ゴーティエ（1603-72）‐ガボット


　この録音で共演したオルガニストのマーク・シャヒンが、ヴァヴィロフの死後、この作品に「カッチーニ」という作曲者をつけ、「新たに発見された楽譜」として、ほかの音楽関係者に渡した（そこに金銭授受があったかどうかは不明）と考えられている。1987年には、オルガニストのオレグ・ヤンチェンコの編曲でイリーナ・アルヒポヴァによって『カッチーニのアヴェ・マリア』が録音されている。アルヒポヴァら初期の録音では作曲者を「D・カッチーニ」と表記している。「D・カッチーニ」なる作曲家は、ジュリオ・カッチーニ、つまり「G・カッチーニ」の誤植なのか、「G・カッチーニ」では様式的にみてすぐに偽作と判明するだろうから「D」というイニシャルにしたのか、そのあたりの事情は判然としない。ちなみに、カッチーニの名が使われたのは、有名な『アマリッリ』（「麗しのアマリッリ」あるいは「アマリリ麗し」）の作曲家ということで利用したのかもしれない。

　こうしてこの曲は作曲者、つまり著作権者が不明瞭なまま多くの音楽家が編曲を試み、録音していくことになる。皮肉にも、著作権のあいまいさが多数の編曲と録音を生む要因ともいえるだろう。この曲はヴァヴィロフ作曲の『カッチーニのアヴェ・マリア』として、これからも演奏され聴き続けられるだろうし、聴き手も作曲者の真偽にはあまりこだわっているように思えない。そもそもヴァヴ

ィロフが真相を暴かれにくくする工夫をした、つまり様式に配慮した気配もない。祈禱文の「アヴェ・マリア」はもっと長い（31単語。異稿もある）にもかかわらず、歌詞は「アヴェ」と「マリア」の2単語を繰り返すだけだ。ただし、同じように「アヴェ・マリア」だけを歌詞とする作品はほかにもある。モーツァルトの4声のカノン（「K.554」）がそれである。このカノンは1788年に「全自作品目録」に記譜されたもので、カノンという制約のため、歌詞は「アヴェ・マリア」だけだ。ヴァヴィロフがこれを知っていたかどうかは定かでない。

　さて、ヴァヴィロフが発表した『カッチーニのアヴェ・マリア』だが、オリジナルの編成はリュートのヴァヴィロフ、オルガンのシャヒン、メゾソプラノのナデシュタ・ヴァイネルだった。ヴァヴィロフ自作自演のオリジナル・アルバムは入手困難だが、1975年の追加録音の8曲を含む『Renaissance Lute Music』（Melodiya）はまだ入手可能である。録音は古くなったものの、ヴァヴィロフの演奏は堪能できる。メロディヤはソ連時代には国有企業だったが、ソ連崩壊後のいまも活動していて、公式サイト[(1)]をのぞくと、上記の『Renaissance Lute Music』はまだ健在だ。このほかにも『カッチーニのアヴェ・マリア』を収録した『Christmas Bells』というアルバムがあって、全21曲中16曲目に同曲が収められている。そこには作曲者としてヴァヴィロフの名があるので、『カッチーニのアヴェ・マリア』の作曲家はヴァヴィロフと、ロシアも公認しているということだろう。これはボリショイ劇場児童合唱団が主役の演奏だ。

　この曲を有名にしたのは、イネッサ・ガランテだろう。1994年発売の『Debut! Inessa Galante』（Campion）では、独唱とオーケストラ用に編曲され、ガランテがまるでオペラのアリアのように歌っている。ヴィンチェンツォ・ベッリーニ（1801-35）、グノー、ジャコモ・プッチーニ（1858-1924）、ジョルジュ・ビゼー（1838-75）、ルッジェーロ・レオンカヴァッロ（1857-1919）、ジュゼッペ・ヴェ

ルディ（1813-1901）、セザール・フランク（1822-90）、モーツァルト、アリゴ・ボーイト（1842-1918）、エイトール・ヴィラ＝ロボス（1887-1959）のアリアとのカップリングだ。それにしても、ヴァヴィロフの『カッチーニのアヴェ・マリア』が錚々たる作曲家のアリアと肩を並べているのはすごい。ジャケットにも「Ave Maria by Caccini」と、ほかの作曲家よりひときわ大きい文字で表示してある。三大『アヴェ・マリア』のうちグノーも収録されている。ヴァヴィロフが生きていたら、これをどう思っただろう。

　同じように『カッチーニのアヴェ・マリア』を世に知らしめた録音に、スラヴァ盤がある。スラヴァは愛称であり、本名はヴァチェスラフ・カガン。ベラルーシ出身のカウンターテナーだ。欧米での記録的なヒットを受け、1995年に発売された国内盤『Ave Maria』（ビクターエンタテインメント）には12曲の『アヴェ・マリア』を収録してある。スラヴァには録音も多いのだが、このアルバムがスラヴァの代表盤になってしまったところもある。同じような趣向にカウンターテナーのダニエル・テイラーも挑戦している。テイラーはカナダの歌手で、ピリオド楽器との共演も多く、同じカウンターテナーでもスラヴァとはずいぶん異なる。アルバム名はやはりスラヴァと同じ『Ave Maria』（Analekta）で、2012年に発売されている。スラヴァはカウンターテナーとしては粗いが、祈りを込めた歌で聴かせる。テイラーの抑制されて洗練された歌とはずいぶん違いはあるものの、どちらも素晴らしい歌唱だ。

**注**
（1）「melody.su」（https://melody.su/）［2022年5月10日アクセス］

# 1-2

## オラツィオ・ベネヴォリの『53声のミサ曲』

ルクス盤

　オラツィオ・ベネヴォリ（1605-72）の『53声のミサ曲』（ザルツブルク・ミサ曲）と同編成のモテット「汝ら太鼓を打ち鳴らせ」は、よく音楽史上最大声部数の曲として紹介される。1870年代、オーストリア・ザルツブルクで発見され、自筆とされた総譜（82センチ×57センチ）をみると、実際には53段ではなく54段、つまり54声という編成であることがわかる。作曲者であるベネヴォリは、フランス人のロベール・ヴェヌーヴォ（のちにベネヴォリあるいはベネヴォロとイタリア語化して改名）の子としてローマで生まれた。ベネヴォリは長じて1644年から46年まで、オーストリアのレオポルド・ヴィルヘルム大公のもとで宮廷楽長を務め、ローマに戻ったあとの46年には、サンタ・マリア・マッジョーレ大聖堂、サン・ピエトロ寺院のジュリア礼拝堂の楽長に任じられている。どちらもローマ有数のポストで、ベネヴォリが優れた音楽家だったことがわかる。伝承されている作品には16声のミサ曲や24声のマニフィカトなどの巨大バロック様式の作品が多い。

　1870年代に発見された『53声のミサ曲』の総譜には、表題も作曲者名も記されていない。それにもかかわらず、ベネヴォリが『53声のミサ曲』の作曲者とされた。ザルツブルクのカロリーノ・アウグステウム博物館の学芸員だったフランツ・クサヴァー・イェリネクが手稿譜を入手した際、「1628年9月24日、ザルツブルク大聖堂の奉献のためにベネヴォリが作曲した」と初演年月日まで付

け、ベネヴォリの名を記入している。これによってベネヴォリは
『53声のミサ曲』の作曲者にされたわけだ。ベネヴォリがザルツブ
ルク大聖堂の献堂式にミサ曲を作曲し上演したことについては、ま
ことしやかな逸話も伝わっている。いわく、完成した総譜がインク
の乾かないうちにローマからアルプスを越えてザルツブルクまで運
んだというものだ。逸話の真偽はともかく、印刷譜はグイド・アド
ラーによって1903年に出版され、さらに、70年にもローレンス・
ファイニンガーによって出版(『ベネヴォリ作品全集』)され、とも
に作曲者としてベネヴォリの名が継承された。

　しかし、ベネヴォリを『53声のミサ曲』の作曲家とすることに
は疑念がもたれるようになる。その理由は、ベネヴォリの作曲様式
との異同、そしてベネヴォリが献堂式の際に23歳だったことだ。
『53声のミサ曲』と比べると、独立した器楽の使用など、ベネヴォ
リの作品は様式的に明らかに異なる。また、ザルツブルク大聖堂の
きわめて重要で大規模な祝祭で、有能であるとはいえ23歳という
年齢はミサ曲を作曲するにふさわしくないと考えられる。さらに献
堂式で演奏されたのは、ステファノ・ベルナルディ(1580-1637)
作曲と推定される12群の合唱隊のための作品だったことが判明し
たのだ。

　また、『53声のミサ曲』の初演年も判明した。『ミサ曲』は、
1682年、ザルツブルク大司教区1,100周年という記念の年に上演さ
れたということがわかったのである。82年にはベネヴォリはすで
に亡くなっている。ベネヴォリ作曲説が否定的になると、新たに作
曲者としてその名が浮上してきたのが、ともにザルツブルクの宮廷
音楽家であるハインリヒ・イグナツ・フランツ・フォン・ビーバー
(1644-1704)とアンドレアス・ホーファー(1627/29-84)であ
る。2人は同時代にザルツブルクで活動していて、ホーファー存命
中は、ホーファーが宮廷楽長、ビーバーが副楽長。ホーファーの死
後はビーバーが宮廷楽長になっている。

　1970年代から手稿譜の研究を進めてきたエルンスト・ヒンター

マイアーは、2015年、筆跡や透かしの分析からビーバーが作曲者だとした。紙の透かし模様から筆写譜が1654年から96年に作られたと考えられることと、様式的な比較研究によって、作曲者としてビーバーが最も可能性が高いと結論付けたのである。したがって、ザルツブルクと聖ルペルトをたたえた『汝ら太鼓を打ち鳴らせ』も、ビーバーに帰するとみるのが当然である。

　さて、『53声のミサ曲』の録音はまだまだ少ない。大規模な編成が必要とされることもあるだろうし、かつては、作品への評価そのものがあまり芳しくなかった。皆川達夫は、「正直いってこのタイプのマンモス的作品というものは、音響効果にたよる部分が大きく、それに反比例して音楽的密度はうすれ、ミサ全五章を持続させる力を欠く恨みがあります。外見のはなやかさほどには内容の充実した作品とはいいがたいわけですが、それもまたバロック芸術の特徴のひとつなのかもしれません[1]」と評している。

　評価そのものはまったく驚くものではなく、当時としてはそういう評価で当然という状況だった。おそらく、当時聴くことができた音源、1974年録音のイレネウ・セガーラ盤を念頭においての発言だと考えられる。その演奏が微温的なものだったことは確かだ。しかし、新しいレパートリーの開拓、録音技術の発達、そして真の作曲者がベネヴォリではなく、より知名度があるビーバーだったこと、それらが相まって下記に見るように録音は増加していく。時代とともにピリオド・アプローチによる演奏技術が向上し、引き締まった演奏が実現されるようになった。セガーラ盤以降の録音はすべてピリオド楽器によっていて、97年録音のラインハルト・ゲーベル／ポール・マクリーシュ盤からは演奏的にもきわめて充実している。ちなみに、若き日のゲーベルは、セガーラ盤にヴァイオリニストとして参加している。

1952年録音　ヨーゼフ・メスナー盤（Jube Classic ／ライブ）
1974年録音　イレネウ・セガーラ盤（DHM）

1997年録音　ラインハルト・ゲーベル／ポール・マクリーシュ盤
　　　　　　（Archiv Produktion）
1999年録音　トン・コープマン盤（Erato）
2002年録音　ジョルディ・サヴァール盤（Alia Vox）
2003年録音　セルジオ・バレストラッチ盤（New Classical
　　　　　　Adventure）
2016年録画　ヴァーツラフ・ルクス盤（Naxos／ライブ）
2018年録画　ヴァーツラフ・ルクス盤（Chateau de Versailles Spectacles
　　　　　　／ライブ）

　上記のリストから1枚だけ選ぶとすれば、2016年のルクス盤
だ。この映像はザルツブルク音楽祭の期間中、初演ゆかりのザルツ
ブルク大聖堂で録画されたもので、ブルーレイのため画質もいい。
クラウディオ・モンテヴェルディ（1567-1643）の宗教曲がプログ
ラムの前半に組まれ、後半が『53声のミサ曲』だ。残念ながら、
『汝ら太鼓を打ち鳴らせ』は収録されていない。18年にイタリア・
ローマのラテラノ教会で録画されたルクス盤はDVDで、しかも
PAL方式のため、国内の一般的なプレーヤーでは再生できない（パ
ソコンでは再生可）。『汝ら太鼓を打ち鳴らせ』はルクスの2枚を除
いてすべてのCDで収録されている。なお、1950年代録音のオッ
トー・シュナイダー盤なるものがあるようだが、これについては詳
細不明である。
　ところで、『53声のミサ曲』は、現存する音楽史上最大の声部の
曲ではなくなった。現在は、アレッサンドロ・ストリッジョ（1540-
92）のミサ曲『かくも幸せな日が』の「アニュス・デイ」（なんと
60声）が音楽史上最大とされる。この「アニュス・デイ」は約400
年間消失していたのだが再発見され、すでに2012年のエルヴェ・
ニケ盤（Glossa）と、2018年のクリストファー・モンクス盤
（Signum Classics）が存在する。また、勝手に作曲者とされ、のちに
はしごを外されたベネヴォリだが、こちらも再評価が進んでいる。

16声のミサ曲『もし神がわたしたちの味方であるなら』には、16年録音のヴィチェンツォ・ディ・ベッタ盤（Tactus）がある。興味がおありの方はどうぞ。

注
（1）皆川達夫『バロック名曲名盤100』（On books）、音楽之友社、1977年

# 1-3

## 『ヴィターリのシャコンヌ』

『ヴィターリのシャコンヌ』で舞曲名「シャコンヌ」にその名を冠せられているヴィターリ。ヴィターリとは、もっぱらこの『シャコンヌ』の作曲者として知られるイタリアの音楽家トマソ・アントニオ・ヴィターリ（1663-1745）のこと。父も音楽

ヴォスティナ盤

家で、ジョヴァンニ・バティスタ・ヴィターリ（1632-92）。父はボローニャ生まれで、同地で音楽家として活動し、のちにモデナに移り、1674年にはエステ家の宮廷副楽長、84年には楽長に昇進している。ヴィターリも父に従ってエステ家に奉職し、1707年には宮廷楽団の楽師長になった。

　ヴァイオリン音楽で「シャコンヌ」といえばバッハだが、ヴィターリのそれもヴァイオリニスト、愛好家に人気がある。『ヴィターリのシャコンヌ』を有名にしたのは、ヴァイオリニストのフェルディナンド・ダヴィッド（1810-73）だ。ダヴィッドは25歳にしてド

イツのライプツィヒ・ゲヴァントハウス管弦楽団のコンサートマスターに就任。フェリックス・メンデルスゾーン（1809-47）のヴァイオリン協奏曲の初演もダヴィッドが務めた。ダヴィッドによると、1860年ごろに『ヴィターリのシャコンヌ』を発見したという。こうして『ヴィターリのシャコンヌ』は、ダヴィッドが編纂して67年に出版された3巻からなる『ヴァイオリン演奏の高等教則本』の1曲（ヴァイオリンとピアノのための編曲）として世に出された。

『ヴァイオリン演奏の高等教則本』には、ビーバー、アルカンジェロ・コレッリ（1653-1713）、ニコラ・アントニオ・ポルポラ（1686-1768）、アントニオ・ヴィヴァルディ（1678-1741）、ジャン＝マリー・ルクレール（1697-1764）、ピエトロ・ナルディーニ（1722-93）、フランチェスコ・マリア・ヴェラチーニ（1690-1768）、大バッハ、ゲオルク・フリードリヒ・ヘンデル（1685-1759）、ジュゼッペ・タルティーニ（1692-1770）、ピエトロ・アントニオ・ロカテッリ（1695-1764）、フランチェスコ・ジェミニアーニ（1687-1762）、モーツァルトといった名だたる作曲家が連なる。『ヴィターリのシャコンヌ』は20曲中、通しの13曲目（第2巻）に収録されている。

『ヴィターリのシャコンヌ』は、きわめて大胆な和声や転調で時代を大きく先取りしている。ダヴィッドが音楽的効果をその時代に即してより大きくするため加筆をしていることもその一因だが、一聴してバロック音楽らしからぬところがある。ダヴィッドは作曲や編曲もしたので、『ヴィターリのシャコンヌ』はヴィターリの名を借りた偽作ではないかとも疑われたようだ。しかし、ダヴィッドが参照しただろう手稿譜がドイツ・ザクセン州立図書館に所蔵されている（さすがにその楽譜をダヴィッドの偽造だというのは無理だ）。後世の手を除くと、表紙には「ヴィタリーノ氏のヴァイオリンと通奏低音のための独奏曲」、楽譜の1ページの上部余白には「トマソ・ヴィタリーノのパルテ」と記入され、演奏記号「アダージョ」を指示している。「パルテ（Parte）」はパルティータと同じく、変奏曲を指

しているとみられる。

　筆写したのはドレスデン宮廷に奉職していた写譜家ヨハン・ゴットフリート・グルンディヒ（1706ごろ-73）で、1730年から40年の筆写とされている。また、同じドレスデン宮廷の写譜家のヨハン・ヤコプ・リントナー（1653-1734）が、10年から30年に筆写した楽譜という説もある。2人の手稿譜を比べてみると、筆跡はグルンディヒのように思える。しかし、筆写したのがグルンディヒにせよリントナーにせよ、伝承されている手稿譜はヴィターリの存命中に筆写したことは間違いない。

　もちろん、トマソ・ヴィタリーノがトマソ・アントニオ・ヴィターリを指しているかどうかは確実ではない。別人の可能性は残されているが、ドイツの研究者ヴォルフガング・ライヒによると、当時のドレスデン宮廷にはトマソ・ヴィタリーノなる作曲家はいないようだ。有名な父である「大ヴィターリ」に対して、子は「小ヴィターリ」＝「ヴィタリーノ」と、ドレスデン宮廷では混同がないよう表記されていたのかもしれない。また、ヴァイオリニストのアンドリュー・マンゼは、「ヴィターリ様式」という意味ではないかと主張している。

　手稿譜の問題についてはさておき、様式上の問題はどうだろう。ヴィターリのほかの作品と、『ヴィターリのシャコンヌ』の間には類似性がみられないとされ、現在でもヴィターリを作曲者とすることには疑問が呈せられている。問題なのは比較する作品で、ヴィターリのまとまった作品集で、出版年代が最も新しいものは1701年出版の作品集だということである。手稿譜の推定される成立年代にも幅があるが、仮に筆写がグルンディヒだとすると30年という時を隔てていることになる。その間、ヴィターリが何も作曲していないということは考えられない。01年以後に生まれた音楽理論家で作曲家のジョヴァンニ・バッティスタ・マルティーニ（1706-84）はヴィターリについて、「教会でも劇場でも、彼は常に聴いた人に驚きを与えた[1]」と証言している。したがって、即興を含めた作曲上

23

と演奏上の様式がきわめて独創的だったとみることができる。「ヴィタリーノ」が誰かという問題と、様式上の反駁があるにせよ、『ヴィターリのシャコンヌ』を偽作とするには、まだ早いのではないだろうか。

ドレスデンの宮廷楽団で雇われた写譜家が製作したのであれば、パート譜が伝承されていないにしろ、『ヴィターリのシャコンヌ』は宮廷で演奏されたとみるのが自然だ。筆写された時期は、ヨハン・アドルフ・ハッセ（1699-1783）が宮廷楽長で、ヨハン・ゲオルク・ピゼンデル（1687-1755）が楽師長であり、ともにイタリア滞在歴がある2人が手稿譜収集に何らかの関係があるのかもしれない。ピゼンデルがイタリア在留の折に学んだヴィヴァルディのように、ヴィターリもドレスデン宮廷に作品を提供した可能性もあるのではないか。

ところで、この曲はシャコンヌと名付けられているが、これは発見者ダヴィッドの命名と思われる。ダヴィッドは1850年に発足のバッハ協会の発起人の1人であり、ヴァイオリニストだったことから、ヴァイオリンのためのバッソ・オスティナート上の変奏曲といえば、バッハのシャコンヌ（自筆譜はイタリア語で「Ciaccona」）ということだったのだろう。『ヴィターリのシャコンヌ』の低音主題は、よく知られた順次下降の4音（ソファミ♭レ）からなる旋律で、ビーバーの『ロザリオのソナタ』や、ジャン゠バティスト・リュリ（1632-87）の『アルミード』などのパッサカリアで用いられている。また、ゲオルク・ムッファト（1653-1704）はこの旋律による変奏曲をチャッコーナとしている。シャコンヌとパッサカリアは明瞭に線引きできるものではなかったわけだ。そのため、ダヴィッドがもしオルガニストだったら、バッハのオルガン曲『パッサカリア』（BWV 582）から連想し、『ヴィターリのパッサカリア』とされてもおかしくなかった。

演奏に際しては、ザクセン州立図書館の筆写譜のオリジナルを用いるか、筆写譜をベースにした編曲を用いることになる。編曲とし

てはダヴィッドのヴァイオリンとピアノ編曲のほか、レオポルド・シャルリエ（1867-1936）によるヴァイオリンとピアノ編曲、ヴィターリと同郷の作曲家オットリーノ・レスピーギ（1879-1936）によるヴァイオリン、オルガン、弦楽オーケストラ編曲、ルイジ・シルヴァ（1903-61）によるチェロとピアノのための編曲、アルフォンス・ディーペンブロック（1862-1921）による弦楽器、オーボエ、フルート、ホルン、ティンパニのための編曲などがある。シャルリエの編曲は、変奏曲の順序を大幅に変更するなど音楽表現の難易度を高めていて、その後の編曲はここから派生したものが多い。

　録音はモダンの演奏家を中心に多数ある。ピリオドの演奏家はそれに比べきわめて少数で、やはり様式的なギャップを感じているのだろう。まず、モダンの演奏家だが、ヴァイオリンとピアノ編曲は録音が多数あり、選択は読者のお好みにまかせよう。ここでは、演奏頻度の比較的低い編曲による演奏として、レスピーギ編曲によるアビゲリア・ヴォシティナ盤（Tactus）を紹介しておく。この演奏の録音（2014年）はオフ・マイクのようで、ホール・トーンを多く拾っている。それがある種の幻想的な雰囲気をもたらしているが、そうした部分と壮大に盛り上がる部分の振幅が激しい。同じCDには『アルビノーニのアダージョ』も収録してある。同編曲には1990年録音のインゴルフ・トゥルバン盤（Claves）もある。

　最後は、バロックの原点に戻った演奏を2点紹介しておく。桐山建志盤（Caille Records）とベルギーのアンサンブル、クレマティス盤（Ricercar）だ。これらはともにピリオド楽器による演奏である。桐山の演奏は『シャコンヌ』というアルバムに収録してあり、「伝 T.A. ヴィターリ」と、作曲者には慎重に「伝」を付けている。録音は2000年だ。クレマティスは父子ヴィターリの作品を収録した好企画のCDで、録音は11／12年。もっとピリオド・アプローチでの演奏があってもよさそうなものだが、CDやインターネット上の映像を含め非常に少ない状況である。やはり前述のように様式の違和感が、演奏、録音をためらわせているのかもしれない。

注

（1）「Treccani」（https://www.treccani.it/enciclopedia/vitali_%28
Dizionario-Biografico%29/）［2022年5月10日アクセス］

# 1-4

## ヴィヴァルディ
## 『忠実な羊飼い』

ランパル盤

　古くからの古楽ファンには、NHK
-FMの番組『バロック音楽のたの
しみ』（パーソナリティーは服部幸
三・皆川達夫）を聴いていた方もい
ると思う。番組は1963年に始ま
り、85年まで早朝の楽しみを提供
しつづけていた。この番組のテーマ音楽として流れていたのが、ヴィ
ヴァルディの『忠実な羊飼い』だ。正確にいえば、『忠実な羊飼い』は曲集で、テーマ音楽はその第2番ハ長調の第1楽章の冒頭だった。ジャン゠ピエール・ランパルのフルートとロベール・ヴェイロン゠ラクロワのチェンバロによる、実にすがすがしい演奏だった。筆者はどういうわけだかフルートはマクサンス・ラリューだと記憶していたのだが、『バロック音楽のたのしみ』のパーソナリティーだった皆川達夫はその著書『ルネサンス・バロック名曲名盤100』で、ランパルとヴェイロン゠ラクロワの「顔合わせによる第一楽章の演奏が使われていました[1]」と述べている。また同書の前身といえる『バロック名曲名盤100』でも、「〈バロック音楽のたのしみ〉のテーマには、この演奏が用いられています[2]」とあるので、筆

26

者の記憶のほうが間違っていたようだ。

　さて、『バロック音楽のたのしみ』の放送終了後の1990年、その
テーマ音楽について大変な事実が発覚した。初版出版譜表紙に「ア
ントニオ・ヴィヴァルディ氏による」と明記されていたのにかかわ
らず、『忠実な羊飼い』の作曲者がヴィヴァルディではないことが
判明したのだ（フィリップ・レスカの研究による）。真の作曲者・編
曲者はフランスの音楽家ニコラ・シェドヴィル（1705-82）。シェド
ヴィルは、作曲家、オーボエとミュゼット（バグパイプの一種）奏
者、教師、そしてミュゼットの製作家だった。叔父で代父のルイ・
オトテール（フランスの有名管楽器製作家・音楽家一族の１人）から、
音楽教育と楽器製作について学び、パリ・オペラ座のオーケストラ
でオーボエとミュゼット奏者を務めた。「フランスの生んだ最も有
名なミュゼット奏者」とたたえられ、またフランス国王ルイ15世
の第5王女ヴィクトワール・ド・フランスにミュゼットを教えるな
ど、上流階級の間で人気の教師になり、ついには「フランス女性の
ミュゼットの師」という称号まで授かっている。

『忠実な羊飼い』を印刷して出版したのは、パリの楽譜出版業者ボ
ワヴァン未亡人（フランソワ・ボワヴァンに嫁いだエリザベート・カ
トリーヌ・バラール）。ヴィヴァルディの「Op.13」として、通奏低
音を伴うソナタ集『忠実な羊飼い』は、ジャン゠ノエル・マルシャ
ン（1666-1710）という名義人によって、1737年に出版された。ヴ
ィヴァルディの名を騙って出版したのは、当時のフランスでヴィヴ
ァルディをはじめとするイタリア音楽が大流行していて、出版業者
や出版名義人が商業的にこの機を利用しようとしたからだろう。つ
まり、イタリア音楽の出版が金儲けにつながったのだ。また音楽的
に、ミュゼットという楽器は、ヴィヴァルディが新しい作品集を捧
げるほどの楽器だということを知らしめたかったのだろう。シェド
ヴィルとしては著名なミュゼット奏者として、ミュゼットを優れた
楽器として認めさせるとともに、同時に経済的な利益も願ったとみ
られる。出版譜には独奏楽器として、ミュゼット、ハーディ・ガー

ディ、フルート（リコーダー）、オーボエ、ヴァイオリンが指定されている。演奏可能な楽器を多数挙げているのは、販売戦略のための当時の常であり、ミュゼット奏者だったシェドヴィルとしては、筆頭にあるミュゼットの普及が念頭にあったと考えられる。

真の作曲者がシェドヴィルであることが白日の下にさらされたのは、オトテール家やシェドヴィル家とも関係があった曲集の出版名義人のマルシャンの証言（1749年）による。シェドヴィルは、出版事業者としての活動がなかったマルシャンの名義を使って、ヴィヴァルディの「Op.13」出版の許可を国王から得ていた。出版後10年以上が経過した1749年になってなぜマルシャンが証言したかといえば、同じフランスの作曲家でオルガン奏者であるミシェル・コレット（1707-95）が、特許が切れる「Op.13」の再版の許可を48年に申請したためだ。放置しておけばシェドヴィルとマルシャンの計画した事業は、コレットに奪われてしまうことになる。印刷して出版したボワヴァン未亡人はこうした騙りの経緯を知らなかったのかもしれないし、あるいは知っていたのかもしれない。

しかし、シェドヴィルとマルシャンの当ては外れ、『忠実な羊飼い』は初版だけで再版を重ねることはなかった。つまり思ったほどの利益は上げられなかったようだ。これに懲りたのか、以後のシェドヴィルはヴィヴァルディの名を騙ることはなくなった。一方で、亡くなるまでに、1729年出版の「Op.1」からの「Op.14」まで、自作の曲を自らの名義で、またほかの作曲家の作品を自らの名義で編曲して出版していく。そのなかで最も有名なのが、39年に出版された『春、または愉快な季節』である。この曲集は、ヴィヴァルディの『四季』の編曲などを含む、「春」「夏のさまざまな楽しみ」「収穫期」「秋」「サン＝マルタン祭のさまざまな楽しみ」「冬」の6曲からなる。懲りたはずのシェドヴィルだが、堂々の編曲ならかまわないと、商魂たくましさをみせている。この曲集もミュゼットあるいはハーディ・ガーディを主楽器としている。

こうした、シェドヴィルのミュゼット推しがあったにもかかわら

ず、およそ300年後の録音でミュゼットを使っているのはわずか
だ。第2番にいたっては、一定以上の年齢の方には、やはりフルー
トとチェンバロでの演奏に親しみを感じているのではないか。『バ
ロック音楽のたのしみ』で用いられたランパルとヴェイロン゠ラク
ロワ盤（Erato）はもちろん、ラリューとヴェイロン゠ラクロワ盤
（Denon）の演奏も、朝のバロックの爽やかなイメージにぴったり
だ。『バロック音楽のたのしみ』のテーマに使われていたランパル
盤は、年代的に1960年録音のモノラル（BnF Records）だったと思
われるが、詳細はわからない。このほかに第2番のフルートでの演
奏だと、ベーラ・ドラホシュ盤（Naxos）、ロベルト・ファブリチア
ーニ盤（Arts Music）あたりだろう。ともに1990年代の録音で、ド
ラホシュはランパルやラリューと同じ傾向の演奏である。代替とい
うと失礼だが、同じように楽しめる。

　シェドヴィル一推しのミュゼットは、『忠実な羊飼い』ではな
く、ヴィヴァルディの『春』（RV.269）などを編曲した『春、また
は愉快な季節』によって、その響きが現代によみがえっている。フ
ランソワ・ラザレヴィチ盤（Alpha）では、シェドヴィル編曲の
『春』をラザレヴィチによるミュゼットで聴くことができる。ま
た、ハーディ・ガーディの独奏ということなら、『春、または愉快
な季節』の全曲を収録したアンサンブル・ダンギ盤（Ricercar）が
ある。ラザレヴィチ盤、アンサンブル・ダンギ盤どちらもピリオド
楽器のアンサンブル。現代人の耳からするとノイジーかもしれない
が、そこがミュゼットやハーディ・ガーディの魅力であり、洗練さ
れたフルートやヴァイオリンとはまったく違ったよさがある。CD
販売では、やはり売れそうなのは『春、または愉快な季節』で、こ
の曲集を選択する気持はわかる。

　最後にシェドヴィルの曲をミュゼット演奏で視聴できる
「YouTube」のチャンネルを紹介しておく。ひとつは「mim
brussels」[3]で、ミュゼットあるいはハーディ・ガーディのための
「Op.9」から、ミュゼットとチェンバロの演奏。もうひとつは

29

「Draai Lier」[4]で、こちらではミュゼットとハーディ・ガーディのアンサンブルを試聴できる。

注
（1）前掲『ルネサンス・バロック名曲名盤100』99ページ
（2）前掲『バロック名曲名盤100』139ページ
（3）「MIM brussels」「YouTube」（www.youtube.com/user/mimbrussels）
　　 ［2022年5月10日アクセス］
（4）「Draai Lier」「YouTube」（www.youtube.com/channel/
　　 UCz6vBnJOWc7DRQm0rDnsXnQ）［2022年5月10日アクセス］

# 1-5

## 『アルビノーニのアダージョ』

シモーネ盤

『アルビノーニのアダージョ』は、第2次世界大戦後のバロック音楽ブームを、『パッヘルベルのカノン』、ヴィヴァルディの『四季』とともに支えた名曲である。「アダージョ」にその名が冠せられているアルビノーニとは、トマゾ・アルビノーニ（1671-1751）のこと。アルビノーニはイタリア・ヴェネツィア貴族の家系で、父アントニオは紙商人だった。アルビノーニはオペラ作曲家として知られ、50曲あまりのオペラを作曲している。しかし、これらは多くが散逸し、現代ではもっぱら『アルビノーニのアダージョ』、あるいは協奏曲（とりわけオーボエ協奏曲）や室内楽の作曲家としての名だけが通用している。宮廷や教会の楽長といった特定の地位にあったことはないようで、家業などからの裕福な資産

を背景に音楽活動をおこなっていたとされる。出版されたのは10巻の曲集で、1722年出版の「Op.9」の5声の協奏曲（オーボエ、2オーボエ、ヴァイオリン独奏とする12曲の協奏曲からなる）が名高い。オペラのほかカンタータなど劇音楽も多数作曲しているが、聴かれることは少ない。宗教曲に関してはわずかの曲が知られているだけである。

　さて、『アルビノーニのアダージョ』は、「ジャゾット編」と補記されることがある。この「ジャゾット」とは、アルビノーニの作品目録を作成したレモ・ジャゾット（1910-98）のことである。ジャゾットは第2次世界大戦後すぐの1945年に作品目録作成に着手した。戦火で焼け落ちたザクセン州立図書館（旧ザクセン国立図書館）には未発表の手稿譜が残されていて、『アルビノーニのアダージョ』のもとになる断片を49年に発見したという。そのわずかな断片をもとにジャゾットが再構成（作曲）したのが同曲というのだ。58年にリコルディが出版した楽譜は「アルビノーニによる2つの主題、数字付き低音にもとづく弦楽とオルガンのためのアダージョ」と題している。発見された断片については公開されておらず、98年時点でザクセン州立図書館にはその断片は不在であることが判明している。ジャゾットの助手だったムスカ・マンガーノが、その断片（を筆写したメモ）を2007年に遺品から発見し、ドレスデンが出どころだというスタンプを確認したというが、これも公開されていないのではないか。発見した断片を自らが携わった作品目録にも掲載もせず、出版に際して著作権者になっていることも不自然だとみることができるだろう。

　ジャゾットは死の数年前に、アルビノーニの名とその音楽を普及させるため、そして自らの楽しみのため『アルビノーニのアダージョ』を作曲したと告白したという話もある。もしこれが本当なら、フリッツ・クライスラー（1875-1962）が、レパートリーにバラエティーをもたせるため、ヴィヴァルディ、フランソワ・クープラン（1668-1733）などのバロック時代の作曲家を偽称して作品を公開し

た事件と少々似ているといえる（本章1-16「擬バロックの作曲家」を参照）。ジャゾットにしろクライスラーにしろ悪意はなかったということなのだが、行為としては許されるのだろうか。アルビノーニの名を広めたのは、間違いなくジャゾットだが、その結果として『アルビノーニのアダージョ』以外の作品が広く聴かれるようになったかというと、それは疑問である。

　例えば、アルビノーニの作品として最も名高い「Op.9」にどれほどの録音があるのか。「Op.9」はヴァイオリンやオーボエのための12の協奏曲を収めた『5声の協奏曲集』だ。全曲を収録した録音は、おそらく10種ほどではないだろうか。「Op.9」のなかでいちばんの名曲はニ短調の第2番だろう。この名曲をもってしても、録音数はとても『アルビノーニのアダージョ』には太刀打ちできないのだ。『アルビノーニのアダージョ』がスマッシュヒットでありすぎたため、ほかの名曲がかすんでしまっている。しかし、「伝アルビノーニ」だろうが「レモ・ジャゾット作曲」だろうと、とても美しい曲には間違いない。

　さて、『アルビノーニのアダージョ』を普及させた功労者となると、第2次世界大戦後のバロック音楽ブームを牽引した室内アンサンブルが軒並みあげられる。ジャン＝フランソワ・パイヤールとパイヤール室内管弦楽団、クラウディオ・シモーネとイ・ソリスティ・ヴェネティ、イ・ムジチ合奏団、ルドルフ・バウムガルトナーとルツェルン祝祭管弦楽団、カール・ミュンヒンガーとシュトゥットガルト室内管弦楽団、クルト・レーデルとミュンヘン・プロ・アルテ室内管弦楽団、ネヴィル・マリナーとアカデミー室内管弦楽団など。室内アンサンブルではないが、ヘルベルト・フォン・カラヤンとベルリン・フィルハーモニー管弦楽団も録音（2度も）している。

　ほとんどの盤はまだ入手可能だ。とはいえ、発売されるCDの状況をみると、新しい録音が少ないのは気がかりだ。脱『アルビノーニのアダージョ』ということなのかもしれない。そうであれば、こ

こでアルビノーニの真価がわかる演奏をひとつ。前述した
「Op.9」の第2番のオーボエ協奏曲である。これはぜひ、イタリア
生まれのバロック・オーボイストのアルフレード・ベルナルディー
ニの演奏で聴いてもらいたい。ベルナルディーニ盤（ARTS Music）
は1992年の録音だが、まだ入手は可能のようだ。ナクソス・ミュ
ージック・ライブラリーでも聴くことができる。ピリオド楽器の話
が出たついでだが、『アルビノーニのアダージョ』にもわずかなが
らピリオド楽器による演奏がある。お勧めは2013年録音のアンサ
ンブル・カプリース盤（Analekta）。ジャゾット編曲をもとに、さら
に手を加えているのだが、これはかなりバロックだ。


# 1-6

## ヘンデルの
## 『ヴァイオリン・ソナタ』

ブルック・ストリート・バンド盤

　ヘンデルのヴァイオリン・ソナタ
（ヴァイオリンと通奏低音のためのソ
ナタ）は、HWV番号（ヘンデル作
品主題目録番号）でいうと、「HWV
358」「HWV 359a」「HWV 361」
（「Op.1-3」）、「HWV 364a」（「Op.1-
6」のオーボエ・ソナタとして出版）、「HWV 368」（「Op.1-10」）、
「HWV 370」（「Op.1-12」）、「HWV 371」（「Op.1-13」）、「HWV
372」（「Op.1-14」）、「HWV 373」（「Op.1-15」）の9曲が伝承されて
いる（括弧内は『ヘンデル全集』での番号）。ほかに「HWV 408」
「HWV 412」「HWV 420」「HWV 421」「HWV 425」のように、
単一楽章だけ伝承されている同じ編成の楽曲もある。このうち、自

筆譜によってヘンデルの真作だと判明しているのは、「HWV 358」「HWV 359a」「HWV 361」「HWV 364a」「HWV 371」の5曲（単一楽章のものを除く）。残りの4曲は疑わしいか、あるいはほかの作曲家の作品、つまり偽作とみられている。そもそも、ヘンデルは、作品に楽器指定を明記しないのが普通であり、作品の多くで、どの楽器を想定しているのか判然としない。『ヘンデル全集』では他楽器のソナタとされてしまっているが、「HWV 364a」の自筆譜のように「Violin solo」と明記しているソナタもある。

　ヘンデルのヴァイオリン・ソナタに偽作が紛れ込んだのは、もっぱらジョン・ウォルシュ（1709-66）の責任だ。ウォルシュは同名父子でイギリス・ロンドンで楽譜出版業を営んでいた（1730年ごろから子のジョン・ウォルシュが事業を継承したとみられる）。ウォルシュはヘンデルのヴァイオリン・ソナタを初版と再版の2度出版している。初版はアムステルダムの出版業者エティエンヌ・ロジェの名を騙り、1730年ごろに出版している。これはヘンデル未公認のいわゆる海賊版であり、ロジェの名を騙って責任回避を試みたようだ。当時の出版は6曲あるいは12曲をまとめていることが多く、この初版でも12曲という数にこだわった。ヘンデルの作品だけでは12曲に満たなかったのだろう、ウォルシュは足りない分を2曲、つまり偽作をしのばせて解決したようだ。再版は32年にウォルシュの名で出版された。こちらはヘンデルの公認版である。再版では初版の偽作を2曲を取り下げた。しかし、差し替えた2曲はまたも偽作だった。つまり2度の出版で、4曲のソナタがヘンデル作と偽って出版されたわけだ。イギリスの大英博物館に所蔵されている初版の筆写譜、「HWV 372」と「HWV 373」には、「注記。これはヘンデル氏のものではない」と但し書きしてある。再版の筆写譜、「HWV 368」と「HWV 370」についても、「ヘンデル氏の独奏曲ではない」と記してある。このような注記がありながらも、フリードリヒ・クリュザンダー編集の『ヘンデル全集』[1]では偽作がそのまま発刊された。

　さて、一般的に偽作は録音で敬遠される傾向にあるが、ヘンデルのヴァイオリン・ソナタは必ずしもそうではない。以下に、4曲の偽作をすべて収録しているCDを、筆者が知りうるかぎりで録音年代の新しい順にリストアップした。必ずしもヴァイオリン・ソナタ全曲録音ということではなく、偽作を全曲録音しているということだ。また、入手困難なCDも含まれているが、ナクソス・ミュージック・ライブラリーで聴くことができるCDもある。「4曲の偽作すべて」を入れることが演奏者や制作側の意図だったかはそれぞれだろう。

①ブルック・ストリート・バンド盤（Avie Rcords）
②イル・ロッシニョーロ盤（DHM）
③マリオ・ホッセン盤（Da Vinci Classics）
④エル゠ゲネ・カーング盤（Con Brio Recordings）
⑤アンサンブル・ヴィンテージ・ケルン盤（Naxos）
⑥桐山建志盤（ALM Records）
⑦江藤俊哉盤（カメラータ・トウキョウ）
⑧ヘンリク・シェリング盤（Tower Records Universal Vintage Collection）
⑨アカデミー室内アンサンブル盤（Philips）
⑩アルテュール・グリュミオー盤（Decca）
⑪アルフレード・カンポーリ盤（Testament）

　①②⑤⑥はピリオド楽器での演奏。モダン楽器でのチェンバロ伴奏は③⑧⑨⑩で、ピアノ伴奏は④⑦⑪だ。モダン楽器でチェロが加わっているのは③⑨。⑥はチェンバロだけだ。上記以外の録音でも、ヴァイオリン・ソナタ集のCDには、1曲ぐらいは偽作のソナタが収録されている。逆に偽作をすべて排除したものとしては、ピリオド楽器によるロンドン・ヘンデル・プレイヤーズ盤（Somm Recordings）がある。偽作を排除したかわりに、単一楽章で伝承さ

れている楽曲などを収録して、「Complete Sonatas and Works for Violin and Continuo」と銘打っている。これはこれですがすがしいまでの態度を示したCDだ。

注
（1）『ヘンデル全集』第27巻、ドイツ・ヘンデル協会、1879年

# 1-7

## バッハのドイツ語教会音楽

ヘルビッヒ盤

　ここまでは、まず偽作あるいは疑作について概観し、そのあとでCDを紹介してきた。しかし、大バッハの教会音楽の偽作については本書にふさわしいCDが存在するので、その紹介から始めたい。それはドイツの指揮者、そしてオルガニストでもあるヴォルフガング・ヘルビッヒによる6巻8CDからなる「偽作宗教音楽シリーズ」（cpo）だ。CDのタイトルには「Apocaryphal」とあり、大バッハ作が「疑わしい」宗教音楽が録音されている。現在は6巻8CDがセット販売されているのだが、実際は1991年から2009年にかけて順次録音されたものだ。レーベル名のcpoは「Classic Production Osnabrueck」の略。ドイツのオスナブリュックを本拠とするクラシック音楽レーベルで、1986年に設立されている。ニッチな選曲がおもしろい会社である。

　大バッハのドイツ語教会音楽で主要なジャンルはカンタータだが、ヘルビッヒ盤でカンタータが収録されているのは以下の2巻で

ある。

『疑わしいバッハカンタータ集』（1991年録音）
①『主よ、我らが境遇を忘れ給うな』BWV 217
②『希望の神、汝らを満たさんことを』BWV 218
③『見よ、獅子は勝利した』BWV 219
④『心と口をもって主を讃えよ』BWV 220
⑤『栄光を追い求める者、心の輝きを望む者』BWV 221
⑥『我が息は弱まり』BWV 222

　ヘルビッヒ盤がなければ、①を除いて実際の音楽を聴くことができなったカンタータばかり。このカンタータ集の収録曲のうち作曲者が判明しているのは、②③のゲオルク・フィリップ・テレマン（1681-1767）、⑥のヨハン・エルンスト・バッハ（1722-77）である。

『疑わしいバッハカンタータ集Ⅱ』（2001年録音）
①『汝、わが魂を冥府に捨て置きたまわざれば』BWV 15
②『こはまことに信ずべき言葉なり』BWV 141
③『ひとりの御子われらに生まれたり』BWV 142
④『われは知る、わが救い主の生きるを』BWV 160

『カンタータ集Ⅱ』の収録曲は作曲者がおおむね判明している。①はヨハン・ルートビッヒ・バッハ（1677-1731）、②④はテレマン、③はライプツィヒの前任トーマスカントル、ヨハン・クーナウ（1660-1722）とみなされている。この『ひとりの御子われらに生まれたり』はとても美しく、派手さはないがもっと聴かれていいカンタータだ。第1曲のソナタ（シンフォニア）からして、クリスマス気分に満ちている。本書中、バッハの偽作に関して頻出する人物、クリスチャン・フリードリヒ・ペンツェル（1737?-1801）は、この曲の筆写譜に作曲者を「J. S. Bach」と記入している。しかし大バ

ッハである可能性は低い。「YouTube」には本作の映像がいくつか投稿されている。チャンネル「Edoardo Lambertenghi」[(1)]にはマイレンダー・カントライの演奏（2016年録画）が投稿されている。イタリア・ミラノの教会での録画で、合唱団員が「ANONYMUS」、つまり「作曲者不明」とある楽譜（ペータース）を手にして歌っているのがわかる。合唱団員はアマチュアのようなので演奏にキレはないが、音楽のよさは伝わってくる。

　さて、優れた企画のヘルビッヒ盤だが、偽作のカンタータを網羅しているわけではない。ほかにもバッハ作が疑わしいカンタータがある。BWV番号だけで紹介すると、メルヒオール・ホフマン（1679ごろ-1715）作とされる「BWV 53」。これは録音も多い。同じくホフマン作の「BWV 189」。近年は録音が少ないようだ。「BWV 203」と「BWV 209」。ともにイタリア語による世俗カンタータで、様式的に疑義が提唱されている。しかし、BWV 209の『悲しみを知らぬ者』は様式的にどうあれ、優れたカンタータで録音も多い。この様子だと、新たな録音がなくなってしまうことはなさそうだ。

　研究者の多くが偽作とみる作品もあれば、それとは反対に、多くがバッハ作としながらも、おもに様式的な疑問を払拭できないカンタータもある。ここで後者の例として、『主よ、われ汝を仰ぎ望む』（BWV 150）をみてみよう。このカンタータは大バッハの自筆譜が伝承されておらず、ペンツェルによる筆写譜で伝承されている。このカンタータは、1884年、『バッハ全集』（第30巻）で初めて出版されたのだが、バッハ協会の編集委員だったヨハネス・ブラームス（1833-97）は出版されたばかりのこのカンタータに関心をもち、上演にも参加している。そのうえ、ブラームスの『交響曲第4番』（1885年）第4楽章の冒頭8小節の主題は、このカンタータのシャコンヌの低音主題をもとにしたものだ。したがって、このカンタータの真偽の行方に関しては、ブラームスも墓のなかでさぞかし気をもんでいるだろう。それとも、大作曲家の直感はバッハ作だと

告げているのだろうか。

『主よ、われ汝を仰ぎ望む』の真偽問題に貢献したのは、ハンス・ヨアヒム・シュルツェの研究だ（2010年）。シュルツェは、このカンタータの第3曲、第5曲、第7曲の自由詩各行で、その頭文字だけを読むと、「DOKTOR CONRAD MECKBACH」（コンラート・メックバッハ博士）という人名が浮かび上がる折句（アクロスチック）を発見する。スペルミスのためにずっと見過ごされていたのだが、第5曲の1行目と3行目、第7曲の4行目のそれぞれ最初の単語に間違いがあり、これを修正すると人名が認められたのだ。折句の人名はドイツ・ミュールハウゼンの有力者メックバッハのことである。バッハのブラジウス教会オルガニスト就任にはメックバッハの強い支援があったようで、試験演奏の1カ月後、1707年5月24日にはオルガニスト採用が決まった。カンタータにメックバッハへの賛辞が織り込まれていることが判明したため、このカンタータを大バッハが前任地アルンシュタットで作曲したのは決定的だ。上演の時期は諸説ある。07年4月24日（復活祭第1日）の試験演奏、同年4月19日のメックバッハの誕生日が候補としてあげられている。試験演奏ではカンタータ2曲を求められた可能姓があり、それが復活祭第1日用の『キリストは死の縄目につながれたり』（BWV 4）と『主よ、われ汝を仰ぎ望む』だったのかもしれない。同年同じオルガニストに応募（のちに辞退）した親戚のヨハン・ゴットフリート・ヴァルター（1684-1748）が、2曲のカンタータを試験曲として提出していることがわかっている。

　筆者は、1707年5月30日の大火後におこなわれた悔い改めのための礼拝で上演されたのではないか、と考えてみたりもする。『主よ、深き淵よりわれ汝を呼ぶ』（BWV 131）が、マリア教会の牧師ゲオルク・クリスティアーン・アイルマーの依頼で作曲されていて、大火後の悔い改めのための礼拝で上演されたのではないかという説がある。説教の前後にカンタータが演奏されたとするなら、もう1曲が「BWV 150」だった可能性もないわけではないだろう。「杉は

風に曝されても決して倒れない」とスペルミスを修正された歌詞（修正前は「杉は風に曝され幾度も倒れる」）は、「大火という試練にあっても市民は決して挫けない」ことの比喩にもぴったりだと思うがどうだろう。しかし、悔い改めのための礼拝そのものがおこなわれたかどうかも不明なのだが。

注
（1）「Edoardo Lambertenghi」「YouTube」（www.youtube.com/channel/UCJg735KUI4sFYzBvzGfycow）〔2022年5月10日アクセス〕

# 1-8

## バッハのモテットと歌曲

ここでもまずはヴォルフガング・ヘルビッヒの録音を紹介する。偽作モテットをまとめたのは1993年録音のCDで、『バッハ作品主題目録』（BWV）の付録（Anhang）に分類された下記の6曲が収録されている。

ヘルビッヒ盤

① 『主に歓呼せよ、すべての世よ』BWV Anh. 160
② 『我等が品行は天国にあり』BWV Anh. 165
③ 『いざ諸人、神に感謝せよ』BWV Anh. 164
④ 『われを祝福したまわずは、われ汝を離さじ』BWV Anh. 159
⑤ 『我が心に気を付け、そしてそこに目を向けよ』BWV Anh. 163
⑥ 『賞賛、栄光そして英知』BWV Anh. 162

　6曲中4曲は真の作曲者が判明している。①の作曲者はテレマン、第2曲はバッハ自身の編曲（BWV 28第2曲の編曲＝「BWV 231」）、②の作曲者は息子のヨハン・エルンスト・バッハ、③の作曲者は弟子のヨハン・クリストフ・アルトニコル（1719-59）、⑥の作曲者は弟子のゲオルク・ゴットフリート・ヴァーグナー（1698-1756）である。⑤は親戚のヨハン・クリストフ・バッハ（1642-1703）とする研究（ペーター・ヴォルニー）もある。

　さて、④の『われを祝福したまわずは、われ汝を離さじ』（BWV Anh. 159）だが、このモテットには「BWV 1164」という番号が与えられ、美しい曲ゆえにこれからバッハ愛好家にも人気が出るのではないか。歌詞からすると、葬儀のためのモテットとみられ、2部からなる。第1部は、「創世記」第32章第27節（ただし、歌詞「わがイエス」を付加）を歌詞とする8声の二重合唱（4声合唱×2）だ。この第1部は、ルイ14世時代の作曲家であるリュリの抒情悲劇『アルミード』のプロローグのガヴォットと似ている。バッハがこれに基づいて作曲したという説もある。「葬儀用の曲にダンス・ミュージックとはバッハは何を考えているのか」と言われそうだが、あの『マタイ受難曲』（BWV 244）や、追悼音楽である『侯妃よ、さらに一条の光』（BWV 198）でも、そのアリアや合唱曲には舞曲のリズムが息づいている。

　続く第2部では2重合唱は解消され、4声の合唱にまとまる。ソプラノが、コラール『汝 なにゆえにうなだるるや、わが心よ』の第3節を長く伸ばして歌うなか、下3声のアルト、テノール、バスは第1部の歌詞を対位法的に繰り返す。この2部に続く2節からなるコラール（『汝 なにゆえにうなだるるや、わが心よ』第13節、第14節）はあとから追加された可能性がある。ちなみに、リュリの原曲をとりあえず聴いてみるにはどうするか。ナクソス・ミュージック・ライブラリーは非会員でも曲の冒頭30秒を聴くことができる。クリストフ・ルセ盤だと、6曲目のガヴォットがそれだ。演奏

時間が33秒なのでほぼ聴けることになる。全曲聴くには入会が必要だ。CDもまだ入手できるはずだ。

『われを祝福したまわずは、われ汝を離さじ』の作曲者については大バッハ、ヨハン・クリストフ・バッハの2人をめぐり変遷がみられた。

このモテットの真の作曲者についての議論を進展させたのは、ダニエル・メラメドの研究（1988年と95年）である。大バッハが関わった自筆譜と、おもに様式批判の観点から、大バッハを真の作曲者とした。上演の記録はないが、2つの年月が推測されている。1713年のドイツ・アイゼナッハと、26年のライプツィヒである。アイゼナッハでの上演は13年、アルンシュタット市長の妻であるマルガレーテ・フェルトハウスの葬儀、あるいは追悼礼拝での可能性があり、再演の際に、コラールが付け加えられた可能性があるという。なお、ジョン・エリオット・ガーディナーは2011年録音のモテット集（Soli Deo Gloria）で、このモテットの様式を、ヨハン・クリストフと、大バッハの『おそるるなかれ、われ汝とあり』（BWV 228）の中間と表現している。

録音について知りうるかぎりでは、フィリップ・カイヤールが1960年ごろに録音したものが最初だ。60年代にはカイヤールを含めて2種、70年代は2種、80年代は4種、90年代はヘルビッヒ盤を含め5種、2000年代は10種、10年代は10種と2000年代以降は急速に録音が増えている。これは『われを祝福したまわずは、われ汝を離さじ』の再評価が進んだこともあるが、バッハの「新作」が求められていることも見逃せない。CDのバッハ全集はすでに3種。「新作」が発見されれば録音が追加されていく。このモテットは、少人数での演奏も可能な曲（アカペラだと最小8人）ゆえ、そして何よりもその美しさによって、これからも録音が増えていくことだろう。

「YouTube」にも投稿が増えている。オランダ・バッハ協会のプロジェクト「All of Bach」（進行中）では、ステファン・マクラウド

指揮による映像（2016年録画）を視聴できる。同協会の「YouTube」公式チャンネル(1)か、「All of Bach」(2)のサイトで視聴可能だ。この演奏はコラール付きの歌唱で、コラ・パルテの楽器群が付随する。第1と第2それぞれ13人の2重合唱で、第1には弦楽器4人、第2では管楽器4人が旋律を重複し、さらに通奏低音4人が参加している。コラールなしだと、「Junger Kammerchor Basel」(3)の映像がいいかもしれない。マクラウドが速めのテンポに強いアクセントで歌わせるのに対し、オルガンの通奏低音だけのユンガー・カンマーコア・バーゼルは、パート2人の歌手による控えめな表現だ（2016年録画）。だが、『神の時は最良の時』（BWV 106）に似た、しみじみとした味わいがある。その名のとおり若い団員（18歳から30歳）で編成されている。なお、バッハは同名のカンタータ（BWV 157）を作曲しているので注意が必要だ。こちらは1727年に初演されている。葬儀あるいはマリア清めの祝日用とみられている。

　最後にモテット以外の偽作をみていこう。大バッハ愛好家でもあまり聴く機会がないだろう『シェメッリ賛美歌集』（BWV 439-507）である。原題が長いため、『シェメッリ宗教歌曲集』とも表記される曲集は、ライプツィヒ南西にあたるツァイツのカントールをしていたゲオルク・クリスティアン・シェメッリ（1676ごろ-1762）が編纂、ブライトコプフから出版された。この歌曲集には954の歌曲とアリアの歌詞が掲載されていて、そのうち69曲は、歌の旋律と通奏低音付きで掲載されている。序文によると、大バッハが一部新たに作曲し、ほかは歌の旋律に通奏低音を付ける際、旋律に手を加えたということである。

　しかし、実際のバッハの関与についてはよくわかっていない。大バッハが作曲したとわかっているのは、32曲目の『あなたを、あなたを、イェホヴァ、あなたを歌いたい』（BWV 452）と、44曲目の『私を忘れないでください、私の最愛の神よ』（BWV 505）の2曲にすぎない。アルノルト・シェーリングは『バッハ年鑑』（1924年）で、様式的には33曲目の『来たれ、甘き死よ』（BWV 478）も

バッハの真作であるとした。決定的な研究がないまま、ヴォルフガング・シュミーダー編纂による『バッハ作品目録』(1950年)には、69曲すべてが掲載され、それぞれにBWV番号が与えられている。したがって、「BWV 439」から「BWV 507」までの歌曲が収録されたCDは、収録曲のほとんが偽作ということになる。読者にとっては、あえて偽作を収録したCDを探す手間を省けるということだ。バッハが『シェメッリ賛美歌集』に関与するきっかけになったのは、おそらくシェメッリの息子であるクリスティアン・フリードリヒ・シェメッリ(1713-61)だ。クリスティアン・フリードリヒは、1731年から34年までトーマス学校、35年からはライプツィヒ大学で学んでいる。この間にバッハの教えを受けていたと推測される。実は『シェメッリ賛美歌集』には第2版の計画があったというが、売り上げが芳しくなかったのか、計画は実現しなかった。このあたりの事情は、いつの時代も同じだ。

このほかにも偽作はあり、『アンナ・マグアレーナ・バッハのためのクラヴィーア小曲集第2巻』には作曲者が判明した偽作や、疑わしい曲がある。『5つの宗教歌曲』(BWV 519-523)と『クォドリベット』(BWV 524)も疑いをもたれている。「クォドリベット」とは、複数の歌を同時に歌ったり、複数の歌を継ぎ接ぎして歌ったりする即興的な曲。『クォドリベット』は後者で、「All of Bach」で演出付きの映像を視聴できる。

注
(1)「Netherlands Bach Society」「YouTube」(www.youtube.com/channel/UC2kF6qdHRTM_hDYfEmzkS9w)〔2022年5月10日アクセス〕
(2)「All of Bach」(www.bachvereniging.nl)〔2022年5月10日アクセス〕
(3)「Junger Kammerchor Basel」「YouTube」(youtube.com/channel/UCn95O5EgdE-6_h9EMYnSl6Q)〔2022年5月10日アクセス〕

# 1-9

## バッハの『ルカ受難曲』

ヘルビッヒ盤

　受難曲とは何か、本書の読者には不要だろうがあらためて説明すれば、イエス・キリストの受難物語を題材に作曲された音楽ということになるだろう。受難物語は、『聖書』のマタイ、マルコ、ルカ、ヨハネの4福音書に記述されていて、「マタイ伝」による受難曲を「マタイ受難曲」というふうに言い習わしている。バッハの受難曲はその『聖書』の記述に加え、教会歌（コラール）、自由詩（詩人が自由に作詩）によるレチタティーヴォとアリアからなる台本に作曲されたものである。このタイプの受難曲をオラトリオ風受難曲と呼んでいて、伝承された大バッハの受難曲もこのタイプである。よく似た用語に、受難オラトリオというものがある。受難オラトリオは受難を素材とする物語音楽だが、歌詞がすべて自由詩によるという点でオラトリオ風受難曲とは大きく異なる。大バッハ作曲によるこのタイプの受難曲は伝承していない。

　大バッハは1750年に亡くなったのだが、54年、次男のカール・フィリップ・エマヌエル・バッハと弟子のヨーハン・フリードリヒ・アグリーコラ（1720-74）が共著で、追悼文『故人略伝』を出版した。この『略伝』は、ローレンツ・クリストフ・ミツラー（1711-78）の『音楽文庫』に掲載されたもので、それによるとバッハは受難曲を5曲作曲し、うち1曲は二重合唱を伴うものだったという。伝承された受難曲で確実にバッハのものは3曲。1曲は二重合唱による『マタイ受難』（BWV 244）、そして『ヨハネ受難曲』（BWV 245）、『マルコ受難曲』（歌詞だけ伝承、BWV 247）である。

これだと2曲足りないということで、2曲補充のための候補探しがおこなわれることになる。その候補の1曲が『ルカ受難曲』（BWV 246）である。『ルカ受難曲』の楽譜は、大バッハの自筆譜（のちに後半はカール・フィリップ・エマヌエルの筆写と判明）である。そしてバッハによる「JJ」（ラテン語 Jesu juva）という記述がある。これはバッハが楽譜の最初に記す言葉で、意味は「イエスよ救いたまえ」。こういった点では、『ルカ受難曲』はバッハの真作となんら変わることはない。ちなみに楽譜の最後には「SDG」（ラテン語 Soli Deo gloria）、「神のみに栄光あれ」と記した。しかし、他者の作品を筆写した際にも、同じように「JJ」と記入する例はあり、これをもって真作とする証拠にはならない。

　大バッハ復興が進んだ19世紀には、バッハを『ルカ受難曲』の作曲者とすることに否定的な声が多かった。メンデルスゾーンは、『ルカ受難曲』がバッハの真作であれば「首を吊らなくてはならない」とし、テレマン、ヨハン・ミヒャエル・バッハ（1648-94）、ロカテッリ、アルトニコルを作曲者候補としてあげている。ブラームスは真の作曲者候補はあげていないが、やはり偽作だと主張していた。当時有数の研究者たち、モーリッツ・ハウプトマン、ヴィルヘルム・ルスト、ロベルト・フランツ、ユリウス・リーツ、ベルンハルト・ツィーンも否定的だった。しかし、ブラームスの友人で、大著『ヨハン・ゼバスティアン・バッハ』（第1巻／1873年、第2巻／1880年）の作者フィリップ・シュピッタは、これをバッハの初期の作品とみなしていて、バッハ協会が刊行する『バッハ全集』でも、大バッハの作品として発刊した。

　真偽の決着をつけたのは、1911年、マックス・シュナイダーが『バッハ年鑑』に発表した研究だ。『ルカ受難曲』の後半が次男のカール・フィリップ・エマヌエルの筆跡であることを明らかにし、バッハと次男が他者の『ルカ受難曲』を筆写したことが判明したのである。これによって、一部バッハの加筆（つまり大バッハの作曲部分）があるものの、『ルカ受難曲』は偽作になったわけである。こ

の作者不明の『ルカ受難曲』は1730年、大バッハがライプツィヒ
で上演するため次男とともに筆写したとみられ、45年にも再演さ
れたことが判明している。

　しかし、肝心の作曲者は不明のままである。クラウス・ヘフナー
の研究では、その様式上の特徴から、『ルカ受難曲』はヨハン・メ
ルヒオール・モルター（1696-1765）の作品だとした。モルターは
大バッハの生地であるアイゼナッハに近いティーフェンオルトに生
まれ、アイゼナッハのギムナジウムで学んでいる。1719年から21
年にかけてイタリア留学も経験した。22年から33年まではカール
スルーエの宮廷楽長も務めている。大バッハがモルターと知己であ
るなり、一族からの何らかの情報を得ていた可能性もあるだろう。
モルターは34年に、ザクセン＝アイゼナハ公国のヴィルヘルム・
ハインリヒの宮廷楽長に任命された。ここで上演した受難曲がバッ
ハの『ルカ受難曲』ではないかとされる。しかし、モルターの『ル
カ受難曲』は35年の初演であり、大バッハのライプツィヒ上演は
30年と推定されているので矛盾してしまう。仮に35年に筆写して
上演したとすると、次男はフランクフルト大学に転学（1734年9
月）したあとで、次男が筆写を手伝うことはできない。したがっ
て、モルターが真の作曲者である可能性は薄らいだ。
『ルカ受難曲』は19世紀からその真作性が疑問視され、なおか
つ、音楽そのものに対する評価も、メンデルスゾーン、ブラームス
らは否定的だった。アルベルト・シュバイツァー（1875-1965）
は、「まともな音楽家は演奏しない」とまで酷評している。しかし
そうだとすると、なぜバッハはそのような受難曲を上演しようとし
たのだろうか。自作の込み入った受難曲よりも、上演に負担が少な
い受難曲を欲していただけなのかもしれないが、これも謎のひとつ
だ。それはともかく、いまだに『ルカ受難曲』録音が5種しかない
のは、音楽への低評価に加え、レコードが普及する前に偽作とされ
たことが影響しているのだろう。しかし、本当に音楽がひどいもの
なのか、それとも大バッハにしてはひどいということなのか、これ

は実際に聴いて確かめるほかない。個人的には聖句とコラールは大バッハと比べるまでもないが、アリアはモダンで聴かせると思う。以下、録音年代の新しい順にCDをリストアップした。

①ロルフ・ブイス盤（Haarlems Bach Ensemble）
②ダグラス・ボストック盤（Bon Art Music）
③ヴォルフガング・ヘルビッヒ盤（cpo）
④ジョージ・バラティ盤（MHS）
⑤ゲルハルト・レーム盤（Brilliant Classics）

　録音年の最も新しい①のブイス盤でさえ2006年。それ以後の録音は絶えてしまって久しい。音楽的な酷評をものともせず演奏するだけでもハードルが高いうえに、販売的にもリスクがあり、演奏や録音には勇気がいりそうだ。お勧めは、何といっても③のヘルビッヒ盤だろう。本章ですでに紹介ずみの「偽作宗教音楽シリーズ」の一環として1996年に録音されている。解説もヘフナーで充実している。音楽大学の図書館か好事家以外には売れそうもないCDを制作し発売したことに、ほかの盤ともあわせて感謝を表したい。なお、「YouTube」には、抜粋した映像（第1曲、終曲を含む14曲分）はある。投稿者が教会での上演を録画したのではないかと思われるが、演奏者の了解があるかは判然としないため、紹介は避けた。このほかにアリアなど、わずかながら映像も存在する。

# 1-10

## バッハのラテン語教会音楽

　大バッハはプロテスタントのルター派の教会でオルガニストやカ

ントルの任に付いていたため、ラテン語の教会音楽、つまりミサ曲などには縁遠いように思える。しかし、祝祭日の礼拝、晩課礼拝では、ミサ曲（キリエとグローリア）、サントゥス、マニフィカトなど、ラテン語で歌われる音楽が必要とされることもあった。実際、有名な『ミサ曲ロ短調』（BWV 232）や『マニフィカト ニ長調』（BWV 243）といった、優

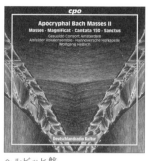

ヘルビッヒ盤

れた作品も生み出している。『ミサ曲ロ短調』は大バッハの生前に演奏されたかは議論があるが、少なくとも「キリエ」と「グローリア」は献辞を付けてドレスデン選帝侯に献呈している。しかもパート譜の献呈であり、少なくとも上演が見込まれていた可能性がある。キリエとグローリアからなるバッハのほかのミサ曲も、ライプツィヒであれ、またほかの地であれ上演されていたはずだ。『マニフィカト ニ長調』（BWV 243）の初稿である『マニフィカト変ホ長調』（BWV 243a）は、アンドレアス・グレックナーの研究（2003年）によると、1723年7月2日のマリアのエリザベト訪問の祝日に上演された。同曲は23年（あるいは1724年）のクリスマスに、同日用のドイツ語曲（4曲）を挿入して上演している。

　バッハ作曲、あるいはバッハ編曲とされるラテン語教会音楽は以下のようになる（ヴォルフガング・ヘルビッヒ盤の収録曲は除く）。編曲も多いが、それだけ上演機会があったということだ。

『ミサ曲ロ短調』BWV 232
『ミサ曲ヘ長調』BWV 233（キリエとグローリア）
『ミサ曲イ長調』BWV 234（キリエとグローリア）
『ミサ曲ト短調』BWV 235（キリエとグローリア）
『ミサ曲ト長調』BWV 236（キリエとグローリア）

『サンクトゥス ニ短調』BWV 239（アントニオ・カルダーラの「ミサ・プロヴィデンティエ」のグローリア冒頭部分の編曲）

『サンクトゥス ト長調』BWV 240（作者不明のミサ曲のグローリア冒頭部分の編曲）

『サンクトゥス ホ長調』BWV 241（ヨハン・カスパール・ケルルの『ミサ・スペルバ』の「プレンニ・スント・チェリ」の編曲）

『クリステ・エレイソン ト短調』（フランチェスコ・ドゥランテの『ミサ曲ハ短調』への挿入曲）

『マニフィカト ニ長調』BWV 243

『マニフィカト 変ホ長調』BWV 243a

『クレド ヘ長調』BWV 1081（ジョバンニ・バッティスタ・バッサーニのクレドへの導入曲）

『その僕イスラエルを助け』BWV 1082（カルダーラのマニフィカト第3曲にオブリガート声部を付加）


さて、「バッハのドイツ語教会音楽」「バッハのモテットと歌曲」に続いて、ここでもまずヴォルフガング・ヘルビッヒの「偽作宗教音楽シリーズ」CDを紹介しておくことにしよう。

疑わしいミサ曲集
① 『ミサ曲ハ長調』BWV Anh. 25
② 『小マニフィカト イ短調』BWV Anh. 21
③ 『ミサ曲ハ短調』BWV Anh. 26


2001年の録音。『ミサ曲ハ長調』は、その様式からみて、イタリアの作曲家による1720年代の作品とみられる（ペーター・ヴォルニーの解説）。『小マニフィカト イ短調』は、アンドレアス・グレックナーの研究（1982年）によって、ホフマン作曲と判明した。『ミサ曲ハ短調』はフランチェスコ・ドゥランテ（1684-1755）の作曲とされていて、これに手を入れた大バッハは、挿入曲として『クリス

テ・エレイソン』（BWV 242）を作曲している。

疑わしいミサ曲集Ⅱ
① 『ミサ曲ト長調』BWV Anh. 167
② 『マニフィカト ハ長調』BWV Anh. 30
③ 『ミサ曲イ短調』BWV Anh. 24
④ 『サンクトゥス ト長調』BWV 240
⑤ 『サンクトゥス ニ短調』BWV 239
⑥ 『サンクトゥス ハ長調』BWV 237
⑦ 『主よ、われ汝を仰ぎ望む』BWV 150

　こちらは2009年の録音。「偽作宗教音楽シリーズ」最後の録音
だ。『ミサ曲ト長調』は珍しい二重合唱のための作品。ヨハン・ルー
ートヴィッヒ・バッハ（1677-1731）作曲、あるいはアントニオ・
ロッティ（1667-1740）作曲とする研究もある。『マニフィカト ハ長
調』はロッティ作曲という研究がある。『ミサ曲イ短調』はヨハ
ン・クリストフ・ペッツ（1664-1716）の作曲と判明。ペッツはテレ
マンから、ヘンデルと並び称されるほどの高い評価を受けている。
『サンクトゥス ト長調』『サンクトゥス ニ短調』『サンクトゥス ハ
長調』はいずれも他者の作品の編曲とみられている。『主よ、われ
汝を仰ぎ望む』はカンタータで、「バッハのドイツ語教会音楽」で
述べたとおり、バッハの作品とみて間違いないようだ。
　「疑わしいミサ曲集」の解説を担当したヴォルニーは、「偽作宗教
音楽シリーズ」の意義を、大バッハが収集した筆写譜のなかから演
奏を通じて偽作を記録化することだと語っている。「偽作宗教音楽
シリーズ」が、偽作のすべてを網羅する企画だったのかどうか定か
ではないが、シリーズ全巻で収録しきれていない作品があることも
確かだ。すでにヘルビッヒは亡くなっているが、同じような企画が
継続されることを期待したい。

# 1-11

## バッハのオルガン作品

オノフリ盤

　大バッハのオルガン曲といえば、誰もが『トッカータとフーガ ニ短調』（BWV 565）を思い浮かべることだろう。特にその冒頭部分は映画やテレビで頻繁に使われている。映画での重要なBGMとして、さらにテレビ番組でも効果音的に利用され、嘉門達夫の「鼻から牛乳」（1992年）にも化けて、曲名は言えなくとも冒頭メロディーは誰もが口ずさめるはずだ。筆者はこれを聴くと、山口百恵の『プレイバックPart2』（1978年）を思い浮かべてしまう。トッカータのプレスティッシモのくだりが、『プレイバックPart2』歌詞冒頭の旋律と重なるからだ。それはともかく、ライトなクラシック・ファンであれば、これを大バッハの代表曲とする人も多いのではないか。それどころか、すべてのオルガン曲で、これほど認知されている曲はない。それほどの人気曲、有名曲なのだが、この曲が大バッハの作品か否か、真偽についての議論があることはあまり知られていない。

　このオルガン曲の大バッハの自筆譜は伝承されていない。最古とされる楽譜は、ヨハネス・リンク（1717-78）によって写譜された筆写譜である。リンクは、大バッハ作品の筆写譜を多数残したヨハン・ペーター・ケルナー（1705-72）の弟子で、のちにベルリンで音楽教師、オペラ作曲家として活躍し、また聖マリア教会のオルガニストだった。これよりもあとのこの曲の筆写譜はすべてリンクの筆写譜から派生している。リンクとバッハの間に師弟関係があったとする記録は存在せず、この曲もおそらくリンクの師ケルナーのも

とにあった筆写譜を写譜したもののようだ。リンクは表紙に
「Toccata con Fuga」（フーガを伴うトッカータ）、そして作曲者を
「J.S.Bach」と記入している。筆写年の記入はない。

　リンクが筆写した時期について、ディートリッヒ・キリアンの研
究（1964年）では1730年代としている。また、スイスのオルガニ
スト、ジャン゠クロード・ツェンダーは、ブライトコプフ・ウン
ト・ヘルテルの『オルガン全集　第4巻』（2012年）で、リンクの筆
跡から30年代前半としている。リンクはこのほかに、30年に結婚
カンタータ『しりぞけ、もの悲しき影』（BWV 202）を筆写してい
る。このカンタータも師のケルナーのもとで筆写したようで、これ
よりあとの筆写譜はすべてのリンクの筆写譜から派生している。
30年であればリンクはまだ13歳。若き日の大バッハが、オールド
ルフの兄のもとで、兄が収集した筆写譜を写譜して勉強した逸話を
ほうふつとさせる年齢だ。
『トッカータとフーガ　ニ短調』が大バッハの作品ではないのでは
ないかという疑念は、19世紀半ばからすでにあった。1980年代か
らは学術的な議論が開始され、イギリスのオルガニスト・研究者で
あるピーター・ウィリアムズが、もとはヴァイオリン曲で、しかも
大バッハが作曲したとはかぎらず、のちにオルガン曲に編曲された
と主張した（1981年）。また、オルガニストで研究者のデイヴィッ
ド・ハンフリーズは、ケルナー、あるいはケルナー周辺の誰かが作
曲したと主張した（1982年。ただし、この説は21世紀になって導入さ
れた統計学的分析によって否定されている）。ロルフ・ディートリヒ・
クラウスも大バッハの作品ではないと主張し（1995年）、さらにウ
ィリアムズのヴァイオリン原曲説を否定している（1998年）。

　しかし、こうした真作性への疑義に対し、研究者からの反論はあ
るものの、議論はかなり低調である。大バッハがこの曲を作曲した
にしては音楽が単純であるにしろ、研究者の大勢は大バッハの真作
であることで一致している。2000年に出版されたクリストフ・ヴ
ォルフの『ヨハン・ゼバスティアン・バッハ[1]』では、『トッカータ

とフーガ ニ短調』を、若き大バッハが先輩たちの影響から、大胆で技巧的な試みへの進化を示す代表作として紹介している。このように、『トッカータとフーガ ニ短調』は大バッハのごく初期の作品とみなされることが多い。もちろん、さまざまな研究はやむことなく提唱されている。近年ではチェンバロ原曲説、即興曲説などもある。諸説のなかでおもしろいのは、オルガン試験用説だろう。トッカータ冒頭のアダージョで、オルガンの性能を試すかのようにオクターブのユニゾンで鳴らすところなどは、そうかもしれないと思ってしまう。

　控えめな真偽論争があるにせよ、『トッカータとフーガ ニ短調』の人気は衰え知らずだ。礒山雅は、「たしかにニ短調も燃えるようなテンペラメントを持った魅力的な作品だが、どのコンサートでもこの作品ばかりが取り上げられるような状況は、早く打開しなくてはならないと思っている」と、『バロック音楽名曲鑑賞事典[2]』で述べている。同じことはCDなどの録音にもいえる。それだけ人気曲といえるし、あるとないとではCDの販売枚数に関わるということなのだろう。ここでは新たなレパートリーとしての『トッカータとフーガ ニ短調』、ヴァイオリン原曲説を提唱するウィリアムズの考えを実践したCDを紹介しておこう。大量に存在するオルガンや管弦楽、ピアノなどでの録音の選択は読者の好みにおまかせする。

　ヴァイオリン原曲説を実践したものとしては、アンドルー・マンゼ盤（Harmonia Mundi）、桐山建志盤（ALM Records）、エンリコ・オノフリ盤（Anchor Records）、アンネグレット・ジーデル盤（Aeolus）がある。マンゼはすっかり指揮者になってしまったが、かつてはバロック・ヴァイオリニストとして独奏にアンサンブルに活躍していた。録音はそのころのもので、ニ短調のまま再構成している。桐山は武久源造の再構成によっていて、イ短調に移調。オノフリは自らの再構成で、ニ短調のまま。ジーデルはイ短調に移調して再構成している。いずれもピリオド楽器で、このなかではオノフリの演奏がいちばんおもしろく聴ける。再構成がどうこうという問

題ではなく、とてもファンタジー豊かな演奏で、ヴァイオリン原曲説に力を与える。

　ついでながら、チェンバロ原曲説を後押しする「YouTube」の動画を2本紹介しておく。ひとつは、チャンネル「EROICA música[3]」のフェルナンド・コルデラの演奏。もうひとつはチャンネル「Luc Beausejour[4]」のリュック・ボーセジュールの演奏である。コルデラのチェンバロは2段手鍵盤だけだが、ボーセジュールのチェンバロはペダル・チェンバロといわれるもので、2段手鍵盤に足鍵盤が付いたものだ。ボーセジュールには同じチェンバロを使って録音したCD（Analekta）もあり、「YouTube」の動画よりもあとに録音されたもののようだ。チェンバロでの動画はこのほかにもあり、検索すると複数の動画が表示される。

　最後に、『トッカータとフーガ ニ短調』以外で、偽作の疑いがあるオルガン曲について。BWV番号が与えられているオルガン曲（BWVの付録へ移動した曲もある）のなかにも少なくない偽作、あるいはその疑いがある曲がある。真の作曲者が判明しているわけではないので、極端に録音が少ないというわけでもなく、オルガン作品全集にもおおむね収録されている。しかし、そうした全集をそろえたり、あるいはどれがどのCDに収められているかを探すのは大変だ。そういうときに便利なのが、偽作・疑作がまとめて録音してあるCDだが、これがちゃんと存在する。ゲルハルト・ヴァインベルガー盤（cpo）だ。ヴァインベルガーのオルガン作品集は全21巻（全巻セットの全集もある）からなるが、その第18巻から第20巻が偽作集なのだ。実はこの偽作集の第2巻（通しの第19巻）の1曲目に『トッカータとフーガ ニ短調』が収録されている。また、第17巻は初期稿・異稿集で、これもとてもいい企画だ。

注
（1）クリストフ・ヴォルフ『ヨハン・ゼバスティアン・バッハ──学識ある音楽家』秋元里予訳、春秋社、2004年

（2）礒山雅『バロック音楽名曲鑑賞事典』（講談社学術文庫）、講談社、
2007年
（3）「EROICA música」「YouTube」（www.youtube.com/channel/
UCorwVOulX0VNflYLRHYEOYQ）［2022年5月10日アクセス］
（4）「Luc Beausejour」「YouTube」（www.youtube.com/user/
LucBeausejour）［2022年5月10日アクセス］

# 1-12

## バッハのクラヴィーア作品

　大バッハは生前からクラヴィー
ア、オルガン演奏の大家として知ら
れていたこと、多くの弟子を育てて
その教育のために多数の作品を作曲
し、また弟子たちもそれを筆写して
学習したことが知られている。した
がって、クラヴィーアやオルガン作

ベルダー盤

品は、自筆譜、印刷譜のほか、弟子たち、そしてそのまた弟子たち
……と、多数の筆写譜を生むことになった。それらが筆写されてい
くなかでコピーミスが起こったり、ほかの作曲家の曲が大バッハの
作品として紛れ込むこともあった。

　クラヴィーア作品の偽作としては、有名なところだと『バッハの
メヌエット』（BWV Anh. 114 と BWV Anh. 115）だろう。2曲は
『アンナ・マクダレーナ・バッハの音楽帳 第2巻』に記載された曲
で、ト長調とト短調の2曲で、より有名なのは『メヌエット ト長
調』（BWV Anh. 114）だ。ともに『バッハ作品主題目録』の付録に
分類されている。ト長調のメヌエットは、アメリカの音楽家チャー
リー・カレロ（1938-）が編曲して、『ラヴァーズ・コンチェルト』

（1966年）としても知られている。ゲームのBGMにも使用され、人口に膾炙された小品だ。しかし、実際の作曲者はバッハではなく、シュルツェの研究（1979年）によって、クリスティアン・ペツォールト（1677-1733）の作品ということが確実視されている。作曲者の名を伏せて『音楽帳　第2巻』に筆写されたため、後世が誤解することになった。妻や子供たち向けの学習教材というごく内輪の楽譜帳を多くの人が閲覧することになるとは、大バッハも妻たち家族も思ってもみなかったはずだ。

　真の作曲者であるペツォールトは、バッハと関連がないわけではない。ペツォールトはドレスデンのソフィア教会のオルガニストとして、1733年に亡くなっているのだが、このペツォールトの後任がヴィルヘルム・フリーデマン・バッハ（1710-84）だった。ペツォールトは03年以来、ソフィア教会のオルガニストの任にあり、大バッハはその間何度かドレスデンを訪問している。31年にはソフィア教会でオルガン演奏会を開いているので、その際にペツォールトが不在であるとか病気であるとかでなければ、少なくともそこで知己になっただろう。

　『メヌエット　ト長調』の録音は多数ある。おそらくピアノでの演奏が最も多いと思われる。インターネット上の映像も多数だ。チェンバロでの録音もあるが、ほかの楽器用にも編曲され、パンフルートとシンセサイザーだとか、フルートとチェロ、ヴァイオリンとピアノ、マリンバ、アコーディオンなど、枚挙にいとまがないほどだ。ここではチェンバロのグスタフ・レオンハルト盤（Philips）と、ピアノのジョヴァンニ・マッツォッキン盤（OnClassical）を紹介しておく。どちらも華麗な装飾が入っていて、おもしろい。レオンハルトはト長調とト短調を続けて演奏している。

　『音楽帳　第2巻』には、バッハ以外の作品が多数筆写してあり、言い方は悪いが偽作の宝庫になっている。そうした偽作は、『音楽帳　第2巻』に筆写されていなければ、演奏機会に恵まれなかったり、ひょっとすると演奏されなかった可能性もある。下記に判明し

ている作曲家をリストアップしておく（クラヴィーア曲以外も含む）。

ペツォールト：「BWV Anh. 114」「BWV Anh. 115」
クープラン：「BWV Anh. 183」
カール・フィリップ・エマヌエル・バッハ：「BWV Anh. 122-125」「BWV Anh. 127」「BWV Anh. 129」
ゴットフリート・ハインリヒ・シュテルツェル（1690-1749）：「BWV 508」
ハッセ：「BWV Anh. 130」

　これらの曲は、ソプラノのヨハネッテ・ゾマーとともに録音した、ピーター＝ヤン・ベルダー盤（Brilliant Classics）の『Notenbüchlein für Anna Magdalena』に収録されている。『パルティータ』や『フランス組曲』のようにほかで聴くことができる作品などは除外されているが、『バッハのメヌエット』は2曲とも収録されている。ベルダーはチェンバロだけでなく、クラヴィコードも弾いている。
　このほかにもいろいろと偽作はあるが、『サラバンドと変奏ハ長調』（BWV 990）を紹介しておこう。とても可憐な主題は、リュリの抒情悲劇『ベレロフォン』の「序曲」に基づいている。ニュルンベルクのオルガニスト、レオンハルト・ショルツ（1720-98）の筆写譜などで伝承されているが、『バッハ作品主題目録』では付録の疑わしい作品に分類されている。真偽の議論もあり、様式的に疑わしいとされる。
　録音は決して多いとはいえないが、選択肢はまだある。オルガンやピアノでの演奏もあるが、この曲に限ってはチェンバロでの演奏のほうがふさわしく思える。ロバート・ヒル盤（Hänssler）とエリザベス・ファー盤（Naxos）をお勧めしておく。ファーはガット弦を張ったリュート・チェンバロ（ラウテンヴェルク）での演奏で、最後にサラバンドをリピートしている。なお、『ベレロフォン』にはクリストフ・ルセ盤（Aparte）がある。

# 1-13

## バッハの室内楽作品

パユ盤

　第2次世界大戦後の1950年（大バッハ没後200年）に『新バッハ全集』の刊行が提唱され、翌年から優れた研究者によって編集が始められ、54年から作品が次々と発刊されていくことになった。その発刊に向けた研究成果のなかで、発刊開始からまもなく、フリードリヒ・スメント編集の『ミサ曲ロ短調』（BWV 232）の発刊（1954年。批判報告書は56年）、アルフレート・デュル、そしてゲオルク・フォン・ダーデルセンによる、ライプツィヒ時代のカンタータの年代研究（ともに1958年）といった衝撃的な研究が発表される。スメントは批判報告書で『ミサ曲ロ短調』の成立を論じ、「後世にいうロ短調ミサ曲」は4部のそれぞれ独立した曲で、いわゆる『ミサ曲ロ短調』はそれを1つの楽譜にまとめたものすぎないとした。しかし2年後、この議論はダーデルセンの研究で覆された。さらに、デュルとダーデルセンの研究によって、フィリップ・シュピッタの研究以来信じられてきたカンタータ成立年代は根本的な修正を余儀なくされたのだ。

　それに比べると激震とまではいかないが、一部のフルート・ソナタが『新バッハ全集』から除外されたことも、また衝撃だった。それまでフルーティストや愛好家によって愛奏されてきたいくつかのソナタが偽作と判定されてしまったのである。しかし、偽作については反駁もあり、フルート・ソナタをめぐる真偽の論争はなかなか決着していない状況だ。『バッハ全集』に収録されたソナタは、「BWV 1030」から「BWV 1035」「BWV 1013」「BWV 1020」だ

った。これに対して『新バッハ全集』では、このうちの3曲、つまり「BWV 1020」「BWV 1031」「BWV 1033」が除外された。校訂者でフルーティストでもあったハンス゠ペーター・シュミッツの様式批判による判断である。ここで除外されたソナタ中、研究者の結論がほぼ一致するのは「BWV 1020」だ。このフルート・ソナタ（ヴァイオリン・ソナタとしても伝承）は、カール・フィリップ・エマヌエル・バッハが真の作曲者とされる。したがって、問題になるのは「BWV 1031」と「BWV 1033」になる。

　番号順に「BWV 1031」からみていこう。この曲はバッハ協会による『バッハ全集』（旧バッハ全集）で初めて出版された。しかし、「BWV 1020」への疑念が明らかにされるとともに、様式が似ている「BWV 1031」は同じように疑われることになった。音楽百科事典『歴史と現代における音楽』（1949年から51年にかけて刊行）では、「BWV 1031」は「BWV 1033」とともに大バッハの真作ではないとされている。『新バッハ全集』でもやはり真作への疑念がもたれ、「BWV 1020」「BWV 1031」「BWV 1033」は除外された。

　こうした作曲者のスタイルと違うという様式的な疑念に対し、資料批判による反論をロバート・マーシャルが発表（1978年）する。「BWV 1031」の重要な伝承資料のひとつは、18世紀半ばの筆写譜だ。筆写譜の表紙にはカール・フィリップ・エマヌエルの手で「J.S. バッハ作」、楽譜にも筆写者の手で「J.S.Bのソナタ」と記してある。また、別の資料として、ペンツェルによる筆写譜（1755年ごろ）がある。これにも表紙に「J.S. バッハ作」と書かれている。この2つの資料はともに同一の資料からの筆写だとされるから、もとになった同一の資料にもバッハの名があったことを示す。したがって、「BWV 1031」が真作である可能性が出てきたことになるだろう。もちろん、様式批判からの疑念はなくなったわけではない。

　「BWV 1033」の重要な伝承資料は、カール・フィリップ・エマヌエルが筆写したパート譜（1731年ごろ）である。これには「ヨハン・ゼバスティアン・バッハ作」と記してある。これについて、様

式批判から疑念を提起しているハンス・エプシュタインは、カール・フィリップ・エマヌエルの作曲に父である大バッハが加筆・修正したものとし、加筆・修正で優れた曲になったソナタを自作とするのをためらい、父の名を作曲者としたと推測した。しかし、マーシャルは、父との同居中であるにもかかわらず、自作を父の曲だとすることは信じられないとしている。

　様式的・資料的批判がそれぞれあり、真偽の結論がまだ完全には出されていない。しかし偽作である可能性のために、演奏や録音の機会を失うのは、なんとももったいない話だ。大バッハの曲として演奏したり録音したりすることにためらいがあるのなら、そのことを明記すればいいわけで、演奏したり聴いたりする楽しみを奪う必要はないように思える。有名な『バッハのシチリアーノ』(「BWV 1031」第2楽章）を失うことは、販売面でも打撃のはずだ。以下に、「BWV 1020」「BWV 1031」「BWV 1033」の3曲を収録しているおもなCDを録音年代順に紹介してみよう。

①オーレル・ニコレ盤（Deutsche Gramophone（以下、DG）／ Archiv Produktion）
　1969／1973年録音。カール・リヒター（チェンバロ）らとの共演。偽作を含めすべてを録音している。ナクソス・ミュージック・ライブラリーでも全曲聴ける。格調が高い、時代を代表する名盤だ。クリスティアーヌ・ジャコッテらと共演した1984年録音盤（Denon）もあるが、偽作・疑作の3曲は未収録だ。

②ムジカ・アンティクヮ・ケルン盤（Archiv Produktion）
　1982／1983年録音（ピリオド楽器）。偽作・疑作の3曲も収録している。室内楽作品あるいは管弦楽と室内楽作品をセットで収録したCDで発売している。フラウト・トラヴェルソはウィルベルト・ハーゼルゼット。

③ジャン＝ピエール・ランパル盤（CBS Sony）

　1984年録音。トレヴァー・ピノック（チェンバロ）らとの共演。
3曲とも収録していて、ニコレとは対照的な奔放で明るいフルート
だ。


④有田正広盤（Denon Aliare）

　1989年録音（ピリオド楽器）。有田千代子（チェンバロ）、鈴木秀
美（バロック・チェロ）との共演。3曲すべて収録している。2000
年録音盤（Denon Aliare）では3曲は未収録。かわりに「BWV
1030」の初期稿、「BWV 1038」と「BWV 1039」の2曲のトリ
オ・ソナタを収録している。モダン・フルートによる2009年録音
盤（Denon Aliar）は、疑作「BWV 1033」だけ。同じくモダン・フ
ルートによる2019年録音盤（Atus）は曽根麻矢子（チェンバロ）と
の共演。こちらはカール・フィリップ・エマヌエルの作品番号が付
された、「BWV 1020」と「BWV 1031」を収録している。


⑤ジャネット・シー盤（Harmonia Mundi）

　1990年録音（ピリオド楽器）。ダヴィット・モロニー（チェンバ
ロ）と共演。3曲と「BWV 1033」の無伴奏版も収録してあり、疑
わしい曲はすべてCD2枚目に収録している。


⑥イェド・ヴェンツ盤（Challenge Classics ／ Vanguard Classics）

　1991年録音（ピリオド楽器）。共演はクリスティアーネ・ヴュッ
ツ（チェンバロ）。3曲すべて収録。「BWV 29」と「BWV 1006」
から再構成した3楽章のパルティータ（無伴奏）、「BWV 1038」と
「BWV 1039」のトリオ・ソナタも収録している。ミハエル・ボル
クシュテーデ（チェンバロ）との2008年録音盤（Brilliant Classics）
は、残念ながら「BWV 1031」と「BWV 1033」は未収録。そのか
わり、『音楽の捧げもの』（BWV 1079）の傑作トリオ・ソナタ、
「BWV 1038」と「BWV 1039」のトリオ・ソナタを収録している。

⑦エマヌエル・パユ盤（EMI）

　2008年の録音。トレヴァー・ピノック（チェンバロ）との共演。3曲すべてを収録しているが、『無伴奏フルートのためのパルティータ』（BWV 1031）は未収録。パユのフルートは淀みなく美しい。ヴィブラートは控えめだ。

⑧アンドレア・オリヴァ盤（Hyperion）

　2011年録音。アンジェラ・ヒューイット（ピアノ）との共演で、3曲も収録。しかし、収録時間の関係からか、なぜか「BWV 1032」を収録していない。ヒューイットはファツィオーリを弾いている。

　これらのほかにも、ロベルト・ファブリツィアーニ盤（Musica Viva）、ウィルベルト・ハーゼルゼット盤（Glossa）、リザ・ベズノシウク盤（Hyperion）、コンラート・ヒュンテラー盤（Philips）、カール・カイザー盤（MDG）が、3曲すべてを収録している。また、『バッハのシチリアーノ』に限っていえば、多数の録音がある。

　ここでは偽作のフルート・ソナタだけを紹介したが、ヴァイオリン・ソナタの「BWV 1022」「BWV 1024」「BWV 1025」、トリオ・ソナタの「BWV 1036」「BWV 1037」「BWV 1038」も偽作ないしは疑わしいとされる。このなかで作曲者が判明しているのは、カール・フィリップ・エマヌエルの「BWV 1036」、ヨハン・ゴットリープ・ゴルトベルク（1727-56）の「BWV 1037」だ。「BWV 1025」はシルヴィウス・レオポルト・ヴァイス（1687-1750）のリュート曲をバッハが編曲したものだ。アマンディーヌ・ベイエとリ・インコーニティに『Johann Sebastian Bach BWV… or not』（Harmonia Mundi）というタイトルのCDがある。2017年に録音されたもので、タイトルどおり、「BWV 1022」を除いた上記の偽作と、真作である「BWV 1079」のトリオ・ソナタと「BWV 1026」を収録している。とてもいい企画のCDだ。

# 1-14

## バッハの
## 『管弦楽組曲第5番』

レ・ヴィオロン・デュ・ロワ盤

　大バッハはオペラを除き、18世紀前半のほとんどの音楽ジャンルを手がけている。「管弦楽組曲」はそのうちのひとつで、フランスで生まれた音楽ジャンルである。リュリとその弟子たちが、劇音楽から序曲と舞曲を抽出し、オーケストラのための組曲に仕立てたことが始まりとされる。つまりはオペラやバレエの、オーケストラ名曲選のようなものだったわけだ。その後、書き下ろしの『管弦楽組曲』が生まれ、こうした伝統を引き継いで、バッハの『管弦楽組曲』（BWV 1066-69）が生まれた。以前はこうした世俗的な作品は、バッハが宮廷楽長を務めたケーテン時代（1717-23）に帰せられていた。しかし、伝承された筆写譜からすると必ずしもそうともいえず、ライプツィヒで成立した可能性もある。

　バッハの『管弦楽組曲』は、『序曲』と呼ばれることもある。この「序曲」の意味するところは、クラヴィーア曲の『フランス様式による序曲』（BWV 831）の「序曲」と同じだ。『フランス様式による序曲』では、「序曲」のあと、「クーラント」「ガヴォット」「パスピエ」「サラバンド」「ブーレ」「ジーグ」「エコー」と楽曲が続くが、表題は「組曲」ではなく「序曲」になっている。つまり「序曲とそれに続くその他の舞曲」の「その他の舞曲」が省略され、『序曲』になっているわけである。同じように『管弦楽組曲』が『序曲』とされるのは、序曲にいくつかの舞曲が連なる構成であるからだ。ただし、ここではなじみがある『管弦楽組曲』で呼ぶことにす

る。

　さて、この『管弦楽組曲』はかつて5曲あった。往年の名指揮者、パイヤールの録音には、『第1番』から『第5番』まで5曲が収録されている。そのことを記憶している読者もいるだろう。『バッハ全集』（旧バッハ全集）にも、『バッハ作品主題目録』にも『管弦楽組曲』は『第5番』（BWV 1070）まであったのだ。しかし、様式的に『第5番』は明らかに偽作とされ、演奏の機会も少なくなった。そのほかの『管弦楽組曲』の演奏は、現在もコンサートのプログラムをにぎやかにしているし、多数の録音もある。それにもかかわらず『第5番』は演奏も録音もまれになった。これは本書で取り上げているほかの多くの偽作と同じで、偽作（実際にはまだ疑いであっても）という烙印が押されてしまうと、音楽の価値にかかわらず、演奏や録音機会が減少する傾向にあるためだ（ただし、一部そうでない偽作もある）。誰が作曲したものでも、音楽の評価は変わらないはずなのだが。

『管弦楽組曲第5番ト短調』（BWV 1070）の原典は、ペンツェルが1753年に筆写した手稿譜が最古の資料で、そこには作曲者を「バッハ」と記してある。これでは音楽家を輩出したバッハ一族の、いったいどのバッハを指しているのかわからない。様式的な違いはまずおき、ほかの『管弦楽組曲』との外形的な違いはあるのだろうか。『第5番』は「序曲」「トルネーオ」「アリア」「メヌエット」「カプリッチョ」という構成で、ほかの4曲と大きな違いはないようにみえる。「序曲」はラルゲットからウン・ポコ・アレグロという、緩・急という2部構成をとる。しかし、ほかはすべて緩・急・緩という3部構成で、典型的なフランス風序曲である。続く「トルネーオ」は舞曲ではなく、大バッハが一度も使ったことがない名称の曲だ。「トルネーオ」は馬上試合という意味なのだが、唐突感が否めない。上演の場に何か関係があるのかもしれない。「メヌエット」はほかの『管弦楽組曲』にもみられる舞曲である。変ホ長調の「アリア」はフランス語でエールだから、『第3番』（BWV 1068）に

もある。「カプリッチョ」はもとはフーガの一種で、『管弦楽組曲』にはないが、クラヴィーア用の『パルティータ第2番』（BWV 826）で採用されている。

　様式批判からは、多くの研究者が『第5番』はバッハ作ではないとする。『新バッハ全集』を編集したハインリヒ・ベッセラーは、ヴィルヘルム・フリーデマン・バッハを作曲者の候補にあげた。同じようにヴィルヘルム・フリーデマンを作曲者ではないかとする研究者は多い。ヴォルニーは、「トルネーオ」や「カプリッチョ」という曲名から、南ドイツやオーストリアの作曲家ではないかと指摘している。しかし、いまだ決定的な証拠は出ていないようである。

　大勢がヴィルヘルム・フリーデマン作曲に傾き、『第5番』は肩身が狭く、録音も少ない状況だ。以下に録音年代の古い順にリストアップしてみよう。

①ジャン＝フランソワ・パイヤール盤（Erato、Apex）
②ムジカ・アンティクヮ・ケルン盤（Archiv Produktion）
③カペラ・イストロポリターナ盤（Naxos）
④ペーター・シュライアー盤（Decca）
⑤ロス・ポプル盤（Arte Nova）
⑥レ・ヴィオロン・デュ・ロワ盤（Dorian Sono Luminus）

　①は1962年の録音。パイヤールは、第2次世界大戦後にブームになったバロック音楽の普及に貢献した指揮者。自らの名を冠したパイヤール室内管弦楽を指揮しての演奏だ。②は83年の録音。『第2番』とのカップリングでまず発売され、85年録音の残る3曲とともにのちにあわせて発売された。ゲーベルはCD解説で、83年の録音を「若気の至り」（おもに『第2番』「序曲」を指すと思われる）と自ら評した。③は89年の録音。ヤロスラフ・クルチェク指揮の演奏である。④は91年の録音。名テノールのシュライアー指揮、C・P・E・バッハ室内管弦楽団の演奏だ。⑤は96年の録音。ポプ

ル指揮、ロンドン・フェスティヴァル・オーケストラの演奏。⑥は
96年の録音。ベルナール・ラバディ指揮、レ・ヴィオロン・デュ・
ロワ（ピリオド楽器）の演奏だ。大バッハの息子たちの作品を
集めた、好企画のCDである。

　以上をみると1980年代から90年代にかけての録音がほとんど
で、21世紀になってからの録音がないのは気になる。そうした空
白を埋めるのは「YouTube」に投稿された映像だ。チャンネル
「Jack Groot」[(1)]には、テウニス・ファン・デル・ズヴァルツ指揮、
スウェーリンク・バロックオーケストラ（ピリオド楽器）による
2013年のライブ映像がある。アムステルダム音楽院のプロジェク
ト「バッハの周縁」枠内での演奏で、ヴィルヘルム・フリーデマン
を作曲者としている。オーケストラは12人で編成され、リーダー
は鷲見明香（バロック・ヴァイオリン）だ。次にサーティーン・スト
リングスの映像もあげておこう。チャンネル「Thirteen Strings」[(2)]
の映像で、録画年は不明だが、マスク着用のうえ距離をとっての演
奏なので、新型コロナウイルス禍中であるようだ（投稿日は2021年
11月23日）。サーティーン・ストリングスはオタワの室内管弦楽
団。指揮者のブライアン・ローとナショナル・アート・センター・
オーケストラの弦楽器奏者が1976年に設立している。現在の指揮
者はケビン・マロンに替わっていて、この映像でもそうだ。オーケ
ストラは名前のとおり13人の弦楽器奏者とチェンバロ1人で編成
されている。


注
（1）「Jack Groot」「YouTube」（www.youtube.com/channel/
　　UCdSNz5glzhTjGvgpIMMU92Q）［2022年5月10日アクセス］
（2）「Thirteen Strings」「YouTube」（www.youtube.com/channel/
　　UCe6Hvyp1NzI6hES1p4xwdPg）［2022年5月10日アクセス］

## ペルゴレージの
## 『コンチェルト・アルモニコ』

『コンチェルト・アルモニコ』は4
部のヴァイオリン、ヴィオラ、チェ
ロと通奏低音のためのコンチェルト
集。曲集の表題は、「調和がとれた
コンチェルト」というところだろう
か。この『コンチェルト・アルモニ
コ』の作曲者をめぐる混乱の発端
は、『カッチーニのアヴェ・マリ
ア』と同じく、真の作曲者が名を伏
せたことによる。作曲者の候補とし
て人気が高く、信じられていたのは
ペルゴレージだった。しかし、真の
作曲者はウニコ・ヴィルヘルム・フ
ァン・ヴァッセナール伯爵（1692-
1766）である。ヴァッセナール伯爵
はオランダの貴族で、外交官、軍人
であり、またアマチュアの音楽家だ
った。1979年に発見（後述）された
『コンチェルト・アルモニコ』の手
稿譜には、ヴァッセナール伯爵自筆
の序文（フランス語）が添えてあっ
た。それをまとめると、作曲・出版
の経緯はこうだ。

コープマン盤

ボスグラーフ盤

ミュンヒンガー盤

①『コンチェルト・アルモニコ』の印刷譜は、イタリア人ヴァイオ
　リニストのカルロ・リッチョッティ（1681ごろ-1756）によって
　出版された。

②『コンチェルト・アルモニコ』所収の6曲のコンチェルトは、
　1725年から40年にかけて折々に作曲されたものである。

③完成したコンチェルトは、私（ヴァッセナール伯爵）、オランダの
　貴族ウィレム・ベンティンク（1704-74）と外国人紳士によって
　設立されたオランダ・ハーグの音楽協会で演奏された。

④その際、リッチョッティが第1ヴァイオリンを務めた。また、リ
　ッチョッティが曲を写譜することを求めたので許可した。

⑤6曲のコンチェルトが完成すると、リッチョッティが出版の許可
　を求めた。

⑥何度も断ったが、ベンティンクに強く説得され、作曲者名を伏せ
　ることを条件に出版に同意した。

⑦被献呈者を私にするリッチョッティの提案を拒否。ベンティンク
　の提案でベンティンク自身にすることで決着した。

⑧出版は私の意に反するものだ。


　このような経緯で、『コンチェルト・アルモニコ』は、1740年、
リッチョッティによってハーグで出版された。ヴァッセナール伯爵
が出版を拒み、作曲者を匿名にした理由はわからない。単なる謙虚
さからなのか、貴族の地位ゆえの偏見を危惧したのか。しかし、自
筆の序文のなかで、6曲のコンチェルトには、出来がいいもの、平
凡なもの、悪いものがあると自ら評していて、出版されていなけれ
ば、そして時間が許せば、曲中の間違いを修正できたとも述べてい
る。ヴァッセナール伯爵には、作品を十分に推敲したうえで出版し
たいという思いがあったのかもしれない。イタリアの音楽家コレッ
リはそうだったとされる。真意に反した出版だったにもかかわら
ず、55年に再版されたことをヴァッセナール伯爵はどう感じただ
ろうか。再版はロンドンのジョン・ウォルシュがおこなっていて、

その際、「リッチョッティ作曲」と表紙に明記されている。

　ウォルシュによって図らずも『コンチェルト・アルモニコ』の作曲者にされたリッチョッティだが、真の作曲者探しはその後も続いた。候補として登場したのはヨハン・アダム・ビルケンシュトック（1687-1733）、ウィレム・デ・フェシュ（1687-1761）、フォルトゥナート・ケッレリ（1690-1757）、ヘンデルらだ。ポーランドの作曲家フランソワ・レッセル（1780-1838）は、このコンチェルトはペルゴレージ作曲であると主張した。レッセルが所蔵していた『コンチェルト・アルモニコ』の筆写譜の表紙に「ペルゴレージの」コンチェルティーノと記されていたためだ。その筆写譜は1830年ごろに作成されたもので、のちに表紙は「ヘンデルの」とする別の表紙と二重になっていたことが判明している。つまり、ペルゴレージの作品だとする根拠は薄い。

　前述したように、1979年に『コンチェルト・アルモニコ』の手稿譜が発見され、ヴァッセナール伯爵が真の作曲者であることが判明した。手稿譜が発見されたのは、ヴァッセナール伯爵の邸宅のひとつフェルデン（オランダ）のトヴィッケル城。この発見をしたオランダの研究者であるアルベルト・デューニングは、80年、手稿譜の調査などをもとに研究成果を発表している。これを機に、『コンチェルト・アルモニコ』の録音で、真の作曲者はペルゴレージからヴァッセナール伯爵へと書き換えられていく。しかし混乱はすぐには収まらず、CDの録音と発売時期によってはペルゴレージを作曲者とするものも存在する。ここでは、録音のなかから、6曲そろって収録されたCDを3種紹介しておこう。

　ペルゴレージが作曲者とされた時代の録音としては、カール・ミュンヒンガー指揮、シュトゥットガルト室内管弦楽団（Decca）がある。初出時（1962年録音）は「ペルゴレージ」だが、1990年以降の再発時では「ヴァッセナール（伝ペルゴレージ）」と変更してある。再発CDも入手は難しそうだが、CD8枚組の「カール・ミュンヒンガー──バロック・レガシー」（Decca）に6曲とも収録さ

れている。ナクソス・ミュージック・ライブラリー（NML）でも聴くことができる。

　イ・ムジチ合奏団（Philips）の録音は1979年で、ちょうど発見の年だ。これはデュニングが解説を執筆している（NMLにあり）。したがって、このCDはヴァッセナール伯爵を作曲者としている。弦楽はイ・ムジチ合奏団らしくとても艶やかだが、気品も感じさせる演奏だ。イ・ムジチ合奏団には1953／54年録音の旧録もある。ヴァッセナール伯爵の母国オランダからは、トン・コープマン指揮、アムステルダム・バロック管弦楽団（Erato, Apex）をあげておこう。もちろんピリオド楽器による演奏で、コープマンらしく、楽章ごとの静と動がくっきりしている。

　なお、これは『コンチェルト・アルモニコ』とは無関係だが、ヴァッセナール伯爵の名を冠したアンサンブルがオランダにある。バロック・ヴァイオリンの赤津眞言が主宰するオーケストラ、ファン・ヴァセナールがそれだ。『コンチェルト・アルモニコ』の録音はないが、イタリアの音楽家レオナルド・レーオ（1694-1744）の録音（バロック・チェロの鈴木秀美と共演）などがある。ヴァッセナール伯爵作品の録音を期待しておこう。また、国際ファン・ヴァッセナール・コンクールがオランダで開催されている。2014年の入賞者の演奏と表彰式は、アヴロトロス（オランダ公共放送に加盟）の「YouTube」のチャンネル「Avrotros Klassiek」で視聴することができる。演奏団体は、ネヴァーマインド（チェンバロのジャン・ロンドー、フラウト・トラヴェルソのアンナ・ベッソンらが参加）、セルダム・セネ（リコーダー五重奏団）、パラーデ・ムジカ（バロック・ヴァイオリンのターニャ・ラプリエールらが参加）、カメラータ・バッヒェンシス（ソプラノのユリア・キルヒナーらが参加）。

　ヴァッセナール伯爵の話題をもうひとつ。ヴァッセナール伯爵が1713年から15年にかけて作曲した3曲のリコーダー・ソナタが、1992年にドイツのロストック大学で発見されている（発見者はオランダのフルーティスト、ヴィム・ブラバンツ）。フリードリヒ・ルート

ヴィヒ・フォン・ヴュルテンベルク公爵（1698-1731）に献呈された
たソナタだが、こちらもヴァッセナール伯爵の豊かな才能を示す作
品で録音もある。リコーダーのエリック・ボスグラーフとチェンバ
ロのフランチェスコ・コルティ（Brilliant Classics）のCDだ。収録
されているのは、リコーダー・ソナタが3曲。ほかはジャン＝バティ
スト・ルイエ（1680-1730）、アンドリュー・パーチャム（17世紀
-1730年ごろ）、ルクレール、ジョゼフ・エクトル・フィオッコ
（1703-41）、ヨハン・クリスティアン・シックハルト（1680-1762）
のソナタだ。ヴァッセナール伯爵のソナタは、収録されたほかの作
曲家と比べても遜色はない。

注
（1）「AVROTROS Klassiek」「YouTube」（www.youtube.com/c/
AVROTROSKlassiek/featured）［2022年5月10日アクセス］

# 1-16

## 擬バロックの作曲家

　大バッハが大衆に再発見されたきっかけは、メンデルスゾーンに
よる『マタイ受難曲』（BWV 244）の上演（1829年）だったことは
よく知られている。実際には、多くの大衆にとっては新発見だっ
た。この新発見への道は18世紀後半から始まっていて、19世紀に
なると、楽譜出版や上演もされていた。しかし、メンデルスゾーン
の『マタイ受難曲』上演は何にもまして画期的だった。バッハ普及
への使命感が、大衆の「バッハ受容」と相まって大きなうねりを生
み出していくことになる。
　しかし、19世紀のバッハ理解を示すように、きわめて珍奇なこ

とも起こった。有名な例が『無伴奏ヴァイオリンのための3つのソナタと3つのパルティータ』の「伴奏付き」バージョンという編曲だ。大衆に大バッハを知らしめるための、音楽的な詭弁ともいえる。こうした編曲という名の改変は、バッハだけの問題ではなく、本章で紹介した『ヴィターリのシャコンヌ』などにも当てはまる。ダヴィッドは、オリジナルのまま演奏しようとはまったく思わなかったのだろう。ニコロ・パガニーニの『無伴奏ヴァイオリンのための24の奇想曲』もヴァイオリンとピアノ用に編曲しているぐらいだ。

トゥリ盤

ラドゥティウ盤

　フリッツ・クライスラーの偽作事件は、1935年に「ニューヨークタイムズ」の記事で明らかになった。本人だけでなく、ほかの演奏家もリサイタルで演奏してきた新発見の曲が、クライスラーの偽作だとわかったのだ。『ヴィヴァルディの様式による協奏曲』というふうに、「○○の様式による□□」というタイトルをもつ多数の作品がやり玉にあがった（○○は作曲家名、□□は曲名）。クライスラーは詐称には抵抗があったらしく、記者が疑問を投じると、それらすべてを偽作と認めたのだ。慎重にも「様式」という言葉のあいまいさによって、偽作というよりは擬古的な作品といえないでもない。初めから「クライスラー作曲」としていればよかったのだが。詐称行為は愉快犯的な理由もあるようで、クライスラーは、古楽の普及に貢献していると称賛した専門家たちをあざ笑っていたようだ。偽作の録音は少なからずあるが、ま

ずはクライスラーの自作自演を聴くべきだろう。以下は偽作だけを
リストアップした。


「クライスラー・プレイズ・クライスラー」（EMI）
『クープランの様式による才たけた貴婦人』
『クープランの様式によるルイ13世の歌とパヴァーヌ』
『ディッタースドルフの様式によるスケルツォ』


　クライスラー編曲の『ヴァイオリンとピアノのための無伴奏ヴァ
イオリン・パルティータ第3番』（原曲は大バッハの『BWV 1006』）
の「ガヴォット」と「ロンドー」も収録されている。
　このほかに西崎崇子の『フリッツ・クライスラー・エディショ
ン』（Naxos）という好企画のCDがある。

第5巻
『ボッケリーニの様式によるアレグレット』
『ポルポラの様式によるメヌエット』
『タルティーニ様式によるコレルリの主題の変奏』
『クープランの様式によるプロヴァンスの朝の歌』
『プニャーニの様式によるテンポ・ディ・メヌエット』
『ディッタースドルフの様式によるシャンソンとパヴァーヌ』
『カルティエの様式による狩り』
『ポルポラの様式によるアレグレット』
『フランクールの様式によるシチリアーノとリゴードン』
『マルティーニの様式によるアンダンティーノ』
『クープランの様式による才たけた貴婦人』
『マルティーニの様式による祈り』
『プニャーニの様式によるプレリュードとアレグロ』


第9巻

『ディッタースドルフの様式によるスケルツォ』
『W・F・バッハの様式によるグラーヴェ』

　第6巻には、クライスラー編曲の『ヴァイオリンとピアノのための無伴奏ヴァイオリン・パルティータ第3番ホ長調』のほか、コレッリ、ジャン＝フィリップ・ラモー（1683-1764）、タルティーニ、ルクレールのソナタなどのクライスラー編曲を収録している。
　クライスラーの偽作と同じような事件は、100年ほど前にもすでにあった。フランソワ＝ジョゼフ・フェティス（1784-1871）が1833年に発表した歌曲『もし私のため息が』がそれである。フェティスはこの歌曲をアレッサンドロ・ストラデッラ（1644-82）が作曲したものだとし、オリジナルの手稿譜を所持していると主張した。しかし、調査のために手稿譜を提出することはなかった。本章のどこかですでに書いたような話だ。様式的な信憑性は生前から疑われていたが、死後、フェティスの蔵書からは手稿譜は発見されなかった。音楽そのものは、アレッサンドロ・スカルラッティ（1660-1725）作曲、オラトリオ『聖テオドシアの殉教』（1685年）で用いられたものだと判明しているようなので、まず間違いなくフェティスの偽作だ。
　さらに、クライスラーの同時代以降にも同類の偽作は絶えなかった。アンリ・カサドシュ（1879-1947）作曲の『ヘンデルのヴィオラ協奏曲』『ヨハン・クリスティアン・バッハのチェロ協奏曲』『カール・フィリップ・エマヌエル・バッハのヴィオラ協奏曲』である。いずれも、様式的な問題をさておけば、素晴らしい曲で録音もある。『ヘンデルのヴィオラ協奏曲』は、1937年録音のウィリアム・プリムローズ盤（Biddulph Recordings）がいいだろう。プリムローズはヴィオラ独奏者のパイオニアだ。『ヨハン・クリスティアン・バッハのチェロ協奏曲』は、ぐっと新しい、2016年録音のファレンティン・ラドゥティウ盤（Hänssler）を紹介しておく。偽作ではあるが、魅力あるチェロ協奏曲としていまも認められている証

しだ。なお、アンリの弟マリウス・カサドシュ（1892 1981）は、かつてモーツァルト作曲とされた『ヴァイオリン協奏曲「アデライデ」』の作曲者として名高い（不名誉な部分でも）。その『ヴァイオリン協奏曲』については第3章「モーツァルト、早すぎる死、多すぎる疑作」の3-9「ヴァイオリン協奏曲 1」と3-10「ヴァイオリン協奏曲 2」で解説しているので、そちらを参照されたい。

　音楽への貢献はあるものの、あまり褒められたものではない作曲者が続いたので、「The Last Master of the Baroque Prague」と称されるフランティシェク・クサヴェル・トゥリ（1939-2019）を紹介しておこう。トゥリは、チェコのオーボエ奏者で作曲家。バロックから初期古典派の様式で多数の作品を「自らの名義」で作曲していて、それらを収録したCDがある。タイトルはずばり『The Last Master of the Baroque Prague』（Maximum Hannig）だ。「プラハ・バロック音楽最後の巨匠」は、息子のヤン・トゥリをはじめ多数の音楽家・団体を動員し、『水上の音楽』から『ミサ曲 ヘ長調』までを指揮。様式にも配慮した作曲で、初期古典派としては違和感なく聴くことができる。トゥリは、チェコの音楽家であるヤン・ディスマス・ゼレンカ（1679-1745）へのオマージュ作品を捧げている。およそ300年の時を挟んだ後輩の堂々たる「擬」作を、先輩ゼレンカも「よくできてるね」と喜んでいるのではないか。

　最後にフランソワ・グロリュー（1932-）を紹介しておこう。グロリューはベルギーのピアニストで作曲家。日本ではもっぱら、『驚異の才人グロリュー、ビートルズを弾く』（1977年）で知られているのではないだろうか。ビートルズのヒット曲を、ショパン風、シューマン風、ガーシュイン─プロコフィエフ風、モーツァルト風、ラヴェル風、ベートーヴェン風、ブラームス風など、クライスラーでいうところの「○○の様式によるビートルズ」にアレンジしているのだ。第2弾も発売されている。本章の時代では、第1弾にバッハ風の「ヘイ・ジュード」、第2弾にヘンデル風の「ア・ハード・デイズ・ナイト〜涙の乗車券」を収録してある。2枚をまとめ

た『〈プラチナム・ベスト〉フランソワ・グロリュー』（ビクターエンタテインメント）はまだ入手可能である。もちろん、「グロリュー」名義での録音だ。

==第**2**章==

# ハイドン、
# 高い人気、多い偽作

## 近藤健児

　ハイドンは、ウィーン古典派音楽の大作曲家だが、あらゆる音楽分野に膨大な作品があるためか、残念ながらバッハやモーツァルト、ベートーヴェンのような、全作品を解説した邦文の事典は刊行されていない。しかしその不足を埋め合わせてなお余る豊富な情報が満載された、熱心な愛好家によるウェブサイトがある。特に以下のものについては、大変参考になる。謝して明記しておきたい。

①ハイドン大好き親父（Haydn2009, Toshihiro Honda などの別名義あり）「ハイドン作品辞典」（https://runchibi0808.blog.fc2.com/）、以下、本文では「作品辞典」と略記。
②Daisy「ハイドン音盤倉庫——Haydn Recordings Archive」（https://haydnrecarchive.blog.fc2.com/）、以下、本文では「音盤倉庫」と略記。
③福田陽「ハイドン研究室」（http://www.masque-music.com/haydn/）、以下、本文では「研究室」と略記。

　①は、ハイドンの全作品についての目録と情報が貴重な珍曲の輸入盤CDライナー・ノートの日本語訳、声楽作品歌詞の日本語訳など、楽曲に関する情報が豊富である。ハイドンは当代随一の人気作

曲家だったため、偽作や疑作は膨大な量に上るが、これらも音源が
あるものは一つひとつ丁寧に拾い上げている。②には膨大なハイド
ン音盤の完成度の高いリストと、注目盤のレビューを掲載してい
る。③は現代音楽作曲家でもある作者による詳細な楽曲研究を掲載
している。これ以外の参考文献については、適宜その箇所に明記し
た。

# 2-1

## 『おもちゃの交響曲』

『おもちゃの交響曲ハ長調／ト長調 Hob Ⅱ／47』

　ハイドン作と伝わってきたものの、現在では他人の手によるもの
と明らかになった曲はほかにも多々あるが、これほどのメジャー作
品はないだろう。ラチェットやカッコウ笛、ウズラ笛など7つのお
もちゃがオーケストラに加わった『おもちゃの交響曲』の楽しさは
子供ばかりか大人も魅了する。極端な話ほとんど誰もが知ってい
て、100曲以上あるハイドンの本格的な交響曲のどれよりも有名な
ぐらいなのだから。
　佐々木修によるウェブサイト「Maestro Sasaki」のなかの「ミス
テリー「おもちゃの交響曲」」[(1)]、および2009年6月から7月の国立音
楽大学附属図書館企画展示「偽作?疑作?」パンフレット[(2)]は、かつ
てはハイドンの作品として知られていたこの曲を誰が作曲したの
か、その真相がわかるまでの二転三転した経緯に関する研究成果を
まとめていて、非常に有益である。本項を書くにあたって参考にし
たことを、謝して明記しておきたい。
『おもちゃの交響曲ハ長調』は、『こどもの交響曲』というタイト
ルで1813年にライプツィヒのホーフマイスター社から出版されて

いて、その際には「ヨーゼフ・ハイドン作」と書かれていた。また、ハイドンが市場でおもちゃを買い込み、この曲を作曲してエステルハージ家のクリスマス・パーティで子供たちを喜ばせたという、楽しげな逸話も伝わっていた。しかし1930年代になると、自筆譜がないことに加え、ハイドン自身が作成した自作目録にこの曲がないことから、ハイドン作を疑う学者が現れた。曲の内容としても「ヨーゼフ・ハイドンのほかの作品と比較して、あまりにも単純、よくいえば田園的」[3]という観点から、疑問の声が上がっていったのである。

　そうなると、「ハイドン作」と書かれているので、5歳年下の弟ミヒャエル・ハイドン（1737-1806）の作品ではないかという意見が出てくる。いまでこそ二線級扱いだが、モーツァルト父子とも親交があり、モーツァルトの作品に影響を及ぼしたとされるなど、名声と実力があった人物である。1938年には作曲者をミヒャエル・ハイドンと記した筆写譜も見つかったが、確実な証拠はない。モーツァルトなのではという説もあったが、これは空想の域を出なかった。

　1951年、レオポルト・モーツァルト（1719-87）の作曲とされる『カッサシオン ト長調』（全7楽章）の1759年の筆写譜をエルンスト・フリッツ・シュミット（1904-60）がバイエルン州立図書館で発見した。[4]その第3、4、7楽章が『おもちゃの交響曲ハ長調』と同一の音楽だったことから、真の作曲家はモーツァルトの父レオポルトということで論争は一応の決着をみるにいたった。折しもSPからLPに時代が移り、各レーベルが競うようにして盛んに録音しだしたが、それらは伝ハイドンと付言されていたものも含め、すべてレオポルト作曲の作品とされていた。レオポルトの『カッサシオン ト長調』の全曲録音も、ネヴィル・マリナー指揮、アカデミー室内管弦楽団盤（Philips）などいくつか登場した。しかし、レオポルトの曲にはオーボエとホルンが加わっていることや、ト長調に移調してあることなどから、レオポルトが別人の作品をアレンジして

楽章に加えたのではないかという疑念も当初からあった。

　　1992年、オーストリアのチロル地方から驚くべきニュースが
　　入ってきた。チロル地方シュタムス修道院の音楽蔵書の中か
　　ら、1785年ごろ、当院の神父シュテファン・パルセッリ
　　（1748-1805）が写譜した『おもちゃの交響曲』の楽譜が発見さ
　　れたのだ。そこには同じくチロル出身で、現在全く忘れ去ら
　　れた作曲家エドムント・アンゲラー（1740-94）が1770年ころ
　　に作曲したと記されていた。エドムント・アンゲラーの活動
　　とこの交響曲の作風、あるいは木製玩具の製造地であるバイ
　　エルン州の著名な保養地ベルヒテスガーデンがほど近いこと
　　などから総合的に判断して、今日これ〔真の作曲者がアンゲラ
　　ーであること〕を覆すだけの説は出ていない。(5)

　存在だけは1952年に知られていたこの楽譜の「発見」で作曲者
はレオポルトではなくアンゲラーに確定して、とうとう一件落着し
たように思えるが、ひとつ気になることがある。アンゲラーがこの
曲を書いたとされるのは1770年。ところがレオポルト・モーツァ
ルトの筆写譜は59年のものだというのである。どちらの年も正し
いなら、この曲の真の作曲者は少なくともアンゲラーではなく、彼
は既存の曲におもちゃの楽器を取り入れた人物で、それを修道院の
神父は「作曲」と表現したということにならないだろうか。むろ
ん、どちらかの年が正しくないことも考えられるし、仮に正しくて
もレオポルト・モーツァルトが第三者の曲を我田引水してきた可能
性はありうるので、レオポルトが原曲の作曲者であると確定するわ
けでもないが。
　一方、国立音楽大学附属図書館企画展示による資料をみると、い
くつかの点でさらに検討すべき興味深い点があることがわかる。レ
オポルトやアンゲラーではなく、とっくに圏外に去ったと思われて
いたミヒャエル・ハイドン説の復権が述べてある。以下に要約する

と、1938年にオーストリア・メルク修道院で作曲者をミヒャエル・ハイドンとする楽譜が見つかっていて、88年のドイツ・マインツでの研究会報告で、ソーニャ・ゲルラッハ（1936-）が17種の筆写譜・初期印刷譜を厳密に比較し、まず2種類ある弦のパート（バス以外の楽器がヴァイオリンとヴィオラ版と2つのヴァイオリン版）については、書き写しを重ねることによって継承されていく誤りが少ないという点で前者を真正とみなした。その結果、この曲の作曲者名はミヒャエル・ハイドン→ただのハイドン→ヨーゼフ・ハイドンへと移っていったことが明らかになった。次いで、レオポルトの『カッサシオン』については、ほかの4つの楽章に加えることで、『おもちゃの交響曲』の3つの楽章がト長調に移されて合わせられた、2系統からなる作品とみるのが妥当であり、その逆に『カッサシオン』を原曲に3つの楽章が抜き出されて『おもちゃの交響曲』が作られたとすることはありえないこと、さらにアンゲラーの稿は30小節の第3楽章が唯一46小節に拡張されたもので、それ自体が編曲と考えられると論証している。もちろんメルク修道院で見つかった楽譜の信憑性が十全ではないにせよ、ゲルラッハはミヒャエル・ハイドンを真の作曲者だとする根拠は十分にあるとしたのである。

　ますますこんがらがってきたが、さらに気になることが。実はアンゲラーを作曲者とする手書き譜の存在を1952年の段階でシュミットは確認していたから、92年の公表以前にも研究者の間では知られていたと考えられる。それならばなぜ40年以上もたってから、しかもゲルラッハの研究報告のあとになってその事実を「発見」と称して公表したのだろう。ゲルラッハをつぶそうとするシュミット一派のキナ臭い悪意のようなものを感じるのは私だけだろうか。一方で、第3楽章の拡張という事実に対しては、アンゲラー作曲説の立場の人はどう説明しているのだろうか。謎は深まるばかりである。

　それはともかくとして、有名な曲なのでCDは多い。安定感ある

演奏で安心できる一枚として推薦するとしたら、月並みだがカール・ミュンヒンガー指揮、シュトゥットガルト室内管弦楽団盤（Decca）を選びたい。また未CD化音源で恐縮だが、昔聴いて印象に残っている演奏として、カール・ゴルヴィン指揮、ベルリン・バッハ管弦楽団盤（DG）がある。1962年録音の7インチEP（ドーナツ盤）には、「ヨーゼフ・ハイドン おもちゃの交響曲」と大きく書かれていて、その下に小さくレオポルト・モーツァルトのカッサシオンから抜粋云々と書き添えてある。当時はまだまだハイドンの名前のほうが通りがよかったということだろう。さらに古いアルトゥーロ・トスカニーニ指揮、NBC交響楽団盤（RCA）のオリジナル盤は残念ながら確認できなかったが、時代的にハイドン作曲と書かれていてもおかしくない。現在売っているCDには、レオポルト作と表記されている。

注
（1）佐々木修「ミステリー「おもちゃの交響曲」──真の作曲者を探す旅 」「Maestro Sasaki」（https://www.music-tel.com/maestro/Kindersymphonie/index.html）［2021年12月22日アクセス］
（2）国立音楽大学附属図書館広報委員会「偽作？疑作？──《ハイドンのセレナード》」、2009年（https://www.lib.kunitachi.ac.jp/tenji/2009/tenji0906.pdf）［2021年12月22日アクセス］
（3）前掲「ミステリー「おもちゃの交響曲」」
（4）1759年という筆写譜の年代は、Allmusic.comにあるアンクル・デイブ・ルイスによる曲紹介文による。「Leopold Mozart Toy Symphony (Cassation), for toys, 2 oboes, 2 horns & strings in G major (formerly K. 63)」「ALL MUSIC」（https://www.allmusic.com/composition/toy-symphony-cassation-for-toys-2-oboes-2-horns-strings-in-g-major-formerly-k-63-mc0002374551）［2021年9月14日アクセス］
（5）前掲「ミステリー「おもちゃの交響曲」」。ただし、本文との統一のため一部表記を変更した。

# 2-2

## ディヴェルティメント

『六重奏曲（ディヴェルティメント）変ホ長調「エコー」Hob Ⅱ／39』『フェルトパルティ（ディヴェルティメント）変ホ長調Hob Ⅱ／41』『フェルトパルティ（ディヴェルティメント）変ロ長調Hob Ⅱ／42』『フェルトパルティ（ディヴェルティメント）変ロ長調Hob Ⅱ／43』『フェルトパルティ（ディヴェルティメント）ヘ長調Hob Ⅱ／44』

「ディヴェルティメント集」
コンソルティウム・クラシクム盤

『フェルトパルティ（ディヴェルティメント）ヘ長調Hob Ⅱ／45』『フェルトパルティ（ディヴェルティメント）変ロ長調Hob Ⅱ／46』

　ここではアントニー・ヴァン・ホーボーケン（1887-1983）による目録ではハイドンの真作と分類されていたが、のちに偽作ないし疑作とされた管弦楽曲および管楽合奏曲のうち、別項の『おもちゃの交響曲ハ長調／ト長調Hob Ⅱ／47』以外を一括して紹介する。ディヴェルティメント、カッサシオン、ノットゥルノ、スケルツァンド、パルティータ、フェルトパルティなどさまざまな呼び名が与えられてはいるが、いずれも短い曲を連ねた多楽章の音楽で、晩餐や狩猟、野外パーティーなどの折に演奏された機会音楽ないし娯楽音楽で内容的には大差ない。ディヴェルティメントは嬉遊曲と訳され、こうした形式の音楽では最も一般的に用いられる呼称である。ハイドンやモーツァルトも当初いろいろな名称を使っていたが、のちにはディヴェルティメントに一本化していくようになる。

　『六重奏曲（ディヴェルティメント）変ホ長調「エコー」Hob Ⅱ／

39』は、2組の弦楽（2つのヴァイオリンとバス）が同じ旋律を呼び
交わす掛け合いによって進む曲調から、この呼び名がある。疑作と
されているが、5つの楽章それぞれで、一方の呼びかけに他方が応
じるこだまが展開する楽しい曲で、埋もれさせるには惜しい。決定
盤ともいうべきルドルフ・バウムガルトナー指揮、ルツェルン祝祭
弦楽合奏団盤（DG）はLPだけでCD化されていないのがいかにも
残念。早急にCDでのリリースを希望する。2つのフルートによる
編曲なら、ヴォルフガング・シュルツ、ジャン＝ピエール・ランパ
ル盤（Sony）がある。

　フェルトパルティは野外組曲の意。ここで紹介する6曲はすべて
管楽合奏曲だが編成は異なり、『フェルトパルティ（ディヴェルティ
メント）変ホ長調HobⅡ／41』『同変ロ長調HobⅡ／42』『同変ロ
長調HobⅡ／43』の3曲は、オーボエ2、クラリネット2、ファ
ゴット2、ホルンないしトランペット2のために書いてあるが、
『同ヘ長調HobⅡ／44』『同ヘ長調HobⅡ／45』『同変ロ長調Hob
Ⅱ／46』の3曲は、オーボエ2、ホルン2、ファゴット3、セルパ
ンのために書いてある（コントラバスのアドリブ指定がある曲もあ
る）。ちなみに、セルパンとはヘビのように曲がりくねった形の金
管楽器で、19世紀の半ばには廃れたピリオド楽器である。よく知
られているように、6曲目の『フェルトパルティ（ディヴェルティメ
ント）変ロ長調HobⅡ／46』の第2楽章は「聖アントニーのコラ
ール」といって、ブラームスが『ハイドンの主題による変奏曲
Op.56』の主題として用いている。つまり「ハイドンの主題」が本
当はハイドンのものではなかったということなのだが、もともとは
この曲は古いオーストリアの巡礼の歌の旋律であるらしい。CDは
全6曲が入ったコンソルティウム・クラシクム盤（Warner）が便
利。4枚組みのCDに、真作・偽作取り交ぜて大量の管楽合奏のた
めのディヴェルティメントを集めている。『HobⅡ 41-43、46』の
4曲だけだが、リノス合奏団盤（Capriccio）もある。どちらの演奏
でもセルパンはコントラバスで代用している。

ハイドン作とされたディヴェルティメントで、ホーボーケンの番号で最初から偽作・疑作とされた曲はおびただしい数に上り、ジェルジィ・チウィアウコフスキ "The Da Capo Catalog of Classical Music Compositions"[1] によれば、なんと95曲が数えられている。そのなかにはのちに真作とみなされるようになった曲も含まれている[2]。またいくつかの偽作ないし疑作には録音があり、「作品辞典」では以下の曲に音源があるとして紹介している。整理番号はすべてHob II のものである。

ニ長調の曲：『D5』『D8』『D9』『D10』『D11』
変ホ長調の曲：『Es12』『Es13』『Es14』『Es16』『Es17』
ヘ長調の曲：『F2』『F7』『F12』
ト長調の曲：『G4』
イ長調の曲：『A4』
変ロ長調の曲：『B4』『B7』

　これ以外にホーボーケン番号がない曲もハイドン作と称して何曲か録音がある。詳細は「作品辞典」を参照されたい。ただし、録音があってもCD化されているとはかぎらない。上記コンソルティウム・クラシクム盤には、真作とされた『D18』に加えて、『D5』『Es12』『Es13』『Es14』『Es16』『Es17』『F7』『F12』『B7』、さらにホーボーケン番号がない曲が6曲収録されている。『F2』『F7』『A4』『B4』にはリノス合奏団盤（Capriccio）がある。フルートと弦楽のための四重奏曲『D9』『D10』『D11』『G4』を収録したCDには、ヴィーラント・クイケンほか盤（Accent）がある。また「作品辞典」と「音盤倉庫」のリストからは漏れているようだが、ヴァイオリン2、ヴィオラ、コントラバス、ホルン2というユニークな編成のハ長調の曲『C5』のCDに、ジョン・フィーニー（Cb）ほか盤（CD baby）がある。

注
（1）Jerzy Chwialkowski, "The Da Capo Catalog of Classical Music Compositions," Da Capo Press, NY, 1996.
（2）『G1』『D18』『D22』『D23』『B3』の5曲が「作品辞典」では真作に昇格したとして挙げられているが、疑問を唱える学者が依然としている曲も含まれている。


# 2-3

## フルート協奏曲

『フルート協奏曲ニ長調 Hob Ⅶ f ／ D1』

　この曲『フルート協奏曲ニ長調 Hob Ⅶ f ／ D1』は現在、ハイドンと同時代にオーストリア・ウィーンで活躍したレオポルト・ホフマン（1738-93）の作品とされていて、ハイドンの真作とは考えられていない。ホーボーケンの番号でも疑作の番号が振ってあって、何でも網羅的に録音する Naxos のハイドン協奏曲全集6CDにさえ含まれていないなど、偽作ということで演奏・録音される機会は減ってきているようだ。1962年と古い録音だが、オーレル・ニコレ（Fl）、カール・リヒター指揮、ミュンヘン・バッハ管弦楽団盤（Telefunken原盤、Warner と Profil 復刻）が断然素晴らしい。ハイドン作と信じられていた時代の演奏で、初出LPにはホフマンの「ホ」の字もない。ニコレのソロはもちろん美音で軽快だが、野太く重い音でも存在感を感じさせる。リヒターの伴奏も堂々としたものだ。典型的なウィーン古典派の協奏曲作品だが、演奏はむしろドイツ風で、これを聴くとハイドン作を疑う気が霧散する。比較的最近の録音なら、モダン楽器だとエマニュエル・パユ（Fl）、ハイドン・アンサンブル・ベルリン盤（EMI、1997年）、ピリオド楽器だとバルトルド・クイケン（Fl）、ターフェルムジーク・バロック管弦楽団

（Sony、1991年）がある。音質はもちろんこれらのほうがいいが、ニコレを聴いてしまうと何とも心に響いてこない。

　ちなみに1992年にクイケン盤のライナー・ノートを書いた那須田務は、ハイドン作かホフマン作かを断定するのは困難だという立場で、ハイドン説を支持するアレクサンダー・コヴァーチェフ（生没年不詳）が示した根拠として、「1771年のブライトコップのカタログにハイドンの名前で記載されていることや作品様式」を挙げている。他方でホフマン説を支持するフランツ・ヴェスター（1922-87）が示した根拠として、「1781年の同じブライトコップのカタログに掲載されている、2曲のレオポルト・ホフマンのフルート協奏曲のうちの2曲目がこの作品と合致する」ことを紹介している。これだけの情報では何ともわからないが、ブライトコップのカタログの記載がハイドンからホフマンに変化しているということなら、やはり真の作曲者はホフマンということなのだろう。仮にハイドン本人であるにせよ、作曲されたのは1760年代で、円熟した時期の個性的な作風が現れる前のために、ほかの同時代の作曲家との差異を曲そのものから見つけだすのはプロでも難しいのかもしれない。

　なお、ハイドンには真作の『フルート協奏曲ニ長調 HobⅦf／1』があったのだが、惜しいことに失われてしまっている。Da Capoカタログでは1761年から65年ごろの作として、本作とほぼ同時期の曲と推定しているが、英語版「Wikipedia」では80年ごろの作品としている。死んだ子の年を数えても仕方がないことだが、仮に後者の推定年代が正しいならば、Op.33の弦楽四重奏曲集『ロシア四重奏曲』とほぼ同時期で、相当充実した曲だったことだろうと考えれば残念でならない。どこかからひょっこり筆写譜が出てきたりしないものだろうか。

注
（1）「List of concertos by Joseph Haydn」「Wikipedia」［2021年12月22日アクセス］

# 2-4

## オーボエ協奏曲

『オーボエ協奏曲ハ長調HobⅦg／C1』

「オーボエ協奏曲」　グレッツナー盤

　20世紀初めにザクセン州南東部ツィッタウでハイドン以外の人の手による『オーボエ協奏曲ハ長調HobⅦg／C1』のパート譜が見つかった。日本版「Wikipedia」によれば、「作曲者名Haydnが、明らかに違う色のインキで加筆され、更にそのあとに「?」マークが青鉛筆で書かれている」ということだ（佐藤章によるジャック・シャンボン〔Ob〕、クルト・レーデル指揮、ミュンヘン・プロ・アルテ室内管弦楽団盤LP〔Erato〕解説）。ハイドン作かは疑問が残り、「音盤倉庫」によれば、「本来の作曲者はオーストリアのイグナーツ・マルツァート（1757-1804）やウィーンの宮廷作曲家レオポルト・コジェルフ（1747-1818）の名が挙がっていますが、本当のところはわからない模様」とあり、真の作曲家は特定されていない。

　しかし、この曲は名曲である。ハイドン作であろうがなかろうが、このジャンルで、モーツァルトの『オーボエ協奏曲ハ長調K.314（285d）』に比肩できる唯一の古典派作品であることは間違いない。とりわけハ長調作品らしく輝くばかりに祝祭的な第1楽章、たっぷりと牧歌的に歌い紡がれる第2楽章の2つの楽章は、ハイドンの真作の協奏曲と比較しても勝るとも劣らない出来栄えである。終楽章のロンドも決して悪くないが、深みという点でほかの楽章に一歩譲る印象だ。ハイドン本人でなければ、誰がこれほどの曲をものにできるというのだろうか。

バロック音楽は山ほどあるものの、古典派以後19世紀を通じてオーボエ協奏曲にめぼしいレパートリーが乏しいこともあり、偽作ないし疑作でも曲がよければ当然に演奏・録音され、古今の名手の録音が蓄積されている。定盤になるとやはりハインツ・ホリガー（Ob）、デイヴィッド・ジンマン指揮、ロイヤル・コンセルトヘボウ管弦楽団盤（Philips原盤、Brilliant Classics）だろう。全体にゆったりしたテンポで伸びやかに朗々と歌うホリガーのソロはまさしく巨匠である。特に第2楽章は絶品というほかない。ただしジンマンの棒はややアクセントが強く、ネヴィル・マリナーのような端正さを欠く。ドイツ風の素朴かつ重厚な、ブルクハルト・グレッツナー（Ob）、ヴォルフ゠ディーター・ハウシルト指揮、ライプツィヒ放送室内管弦楽団盤（Deutsche Schallplatten）は個人的な愛聴盤。これで聴くと第1楽章がとてつもなく名曲に思えてくる。新しいところだと、ソロが非常に巧みなアレクセイ・ウトキン（Ob）、エルミタージュ室内管弦楽団盤（Caro Mitis）もおもしろいが、快速演奏には好き嫌いが分かれるかもしれない。2巻のアルバムで編曲も含めてハイドンのオーボエ作品が満喫できる[1]。

　　注
（1）『ヴァイオリンとチェンバロのための二重協奏曲ヘ長調HobⅧ／6』のチェンバロのパートをオーボエで演奏したものや、『ヴァイオリン協奏曲ト長調HobⅦa／4』のヴァイオリンパートをオーボエで演奏したものを収録。

# 2-5

## クラリネット協奏曲

『クラリネット協奏曲変ロ長調Hob.deest』『2つのクラリネットのための二重協奏曲変ホ長調Hob.deest』『2つのクラリネットのため

の二重協奏曲変ロ長調Hob.deest』

「クラリネット協奏曲集」
クレッカー盤

「200年の眠りから醒めたハイドン
のオリジナル作品」「あらゆる分野
に多くの作品を遺したハイドンなが
ら、クラリネット協奏曲はひとつも
伝えられていませんでした。しか
し、ドイツの名手ディーター・クレ
ッカーが「幻の」協奏曲を発見・録
音しました」「このクラリネット協奏曲はクレッカーがベントハイ
ム＝シュタインフルト家所蔵の資料から見つけ出し、数年前に日本
の新聞等でも報道されたもの」「正確な作曲年は不明ですが、ハイ
ドン後期の特徴が明らかで、モーツァルトからの影響もみられま
す」「明快な第1楽章、「オックスフォード交響曲」を思わす第2楽
章、民俗音楽の要素を採り入れたフィナーレまで、ハイドンならで
はの楽しさと美しさにあふれ、今後の人気作品となりそうです」

　1997年録音のディーター・クレッカー（1936-2011、Cl）、チェ
コ・プラハ室内管弦楽団盤（Orfeo）の、輸入・販売元キングが付
けた日本語帯には以上のうたい文句が書いてある。あたかもハイド
ンの真作として疑問の余地がないかのような書きぶりには、当時さ
すがに面食らったものだった。内封されているクレッカー自身の手
によるライナー・ノートでは、譜面の発見の経緯や、ハイドン作と
確信するにいたった理由もより詳細に述べてある。それを簡単に要
約すれば、『クラリネット協奏曲変ロ長調Hob.deest』については
以下になる。

①フランソワ＝ジョゼフ・フェティス（1784-1871）の『世界音楽
　家列伝』に、ハイドンの作品のリストとして、クラリネット協奏
　曲が掲載されている。
②ベントハイム＝シュタインフルト家所蔵の資料のなかから、目録

に「ハイドンのテーマによる協奏曲」と書いてあるゲットリンク作のクラリネット協奏曲が見つかったが、「和声、着想、表現方法、どの点をみても」この曲はハイドンの作と考えられる。スコアのフルート・パートの上の余白に「ハイドンの作」とも書かれてある。

③ルートヴィヒ・ヴィルヘルム・フォン・ベントハイム＝シュタインフルト伯（1756-1817）はフルートをたしなんだので、書き込みは伯爵によるものと推察される。

④伯爵はエステルハージ家とつながりが深く、両方で演奏する楽団員が何人もいた。

　しかしクレッカーの論旨には以下に列挙するように、素人目にもいくつか気になることがある。

①フェティスの作品目録に載っているハイドン作のクラリネット協奏曲が、最晩年のハイドン自身が関与した作品目録（エルスラー＝ハイドン目録）に記載されていない。またクレッカーはクラリーノ（トランペット）協奏曲の誤記ではないと断言しているが、フェティスの目録には、別にちゃんとクラリーノないしトランペット協奏曲が記載してあるということだろうか。そこが肝心だが、説明がないのはいぶかしい。

②フルートのパートはスコアの最上段であり、そこの上の余白にハイドン作と書いてあるからといって、フルート奏者、まして伯爵自身が書いたという根拠にはならない。

③クレッカーが「どの辞典や資料を見ても載っていないし、そんな写譜家がいるとも聞いたことがない」と実在を疑っているように、仮にゲットリンクが架空の作曲家としても、ハイドンの作品ならばなぜハイドン作と堂々と記載しないのか。当時はハイドンの作品でなくてもハイドン作と書くことがむしろ当たり前だったことを考えると、不自然ではないか。

④ウィーン古典派の作品として、協奏曲の出来栄えは決して悪くはないが、ハイドンらしいユーモアや管弦楽パートの多彩さはほとんど感じられないように思われる。クレッカーは『「オックスフォード」交響曲（第92番ト長調Hob I ／ 92）』の緩徐楽章を思わせるアダージョが典型的な例だと指摘しているが、ハイドンを手本にして書いた曲と解釈するのが普通ではないのか。

⑤素人考えを承知であえて付け加えると、1791年のモーツァルトの『クラリネット協奏曲イ長調K.622』と比較しても、例えば終楽章のソロ・パートはかなり技巧的で高音も使われているなど、ずっと時代が下った印象を受ける。1803年に作曲の筆を折ったハイドンの手によるものとはどうにも思えない。

⑥本当にハイドンの作なら、本盤初出から20年以上経過したにもかかわらず、「今後の人気作品」になるどころか、本盤に続く第2第3の録音がなぜ登場しないのか。

　真の作曲者が誰であっても曲が素晴らしければ聴く価値はある。しかし、真の作曲者が誰か不明確なのに、ハイドン作と断定してしまえば、18世紀とやっていることは変わらない。Orfeoレーベルのためにも、クレッカーのためにも、その培われた信用が傷つくのを防ぎたいならば、せめて「ハイドン?」と記載すればよかったのにと思えてならない。ちなみに、2つの二重協奏曲についても、クレッカーはナポリのサン・ピエトロ音楽院で見つかった『2つのクラリネットのための二重協奏曲変ホ長調Hob.deest』（もともとはヘ長調の2つのリラ・オルガニザータのための協奏曲でモーツァルトの作として伝わっていたものを、失われたと推測されるハイドン作の6番目の協奏曲ではないかとクレッカーが推測し、移調して2つのクラリネットによって演奏している）を後期作品、レーゲンスブルクのトゥルン・ウント・タクシスの宮廷図書館で見つかった『2つのクラリネットのための二重協奏曲変ロ長調Hob.deest』を初期作品と考えているが、両者は楽曲としてはハイドンの真作からはいっそう遠く感

じる。

# 2-6

## ホルン協奏曲

『ホルン協奏曲第2番ニ長調Hob
Ⅶd／4』『2つのホルンのための協
奏曲変ホ長調Hob Ⅶd／deest(6)』

　ホーボーケンのカタログにはハ
イドンのホルン協奏曲が4曲記載し
てある。『ホルン（コルノ・ダ・カッ
チャ）協奏曲ニ長調Hob Ⅶd／1』

「ホルン協奏曲集」　バウマン盤

はエントヴルフのカタログやエルスラー＝ハイドン目録には記載が
あるものの、紛失している。『2つのホルンのための協奏曲変ホ長
調Hob Ⅶd／2』もエルスラー＝ハイドン目録に記載してあるが、
現存しない。『ホルン協奏曲第1番ニ長調Hob Ⅶd／3』は自筆譜
が存在していて、1762年ごろの紛れもない真作で、名品である。
『ホルン協奏曲第2番ニ長調Hob Ⅶd／4』はエントヴルフのカタ
ログやエルスラー＝ハイドン目録に記載がないものの、ザクセン州
のツィッタウで見つかった筆写譜にハイドンの名前が記されていた
ので、ホーボーケンによって真作扱いされた経緯があるが、実際の
作曲者はミヒャエル・ハイドンではないかといわれている。(1)曲とし
ての魅力は第1番よりもやや劣るが、切々とした短調の旋律がゆっ
たりと続く第2楽章は非常に美しく、ヘルマン・バウマンはこの楽
章を宝石に例えて絶賛し、奏者は曲を演奏するのではなく、曲を通
じて瞑想するのだと解説しているほどである。偽作ないし疑作だか
らと切り捨てるにはいかにも惜しい。

『2つのホルンのための協奏曲変ホ長調HobⅦd／deest』は、カタログに主題の一部だけが記載されて残っている『HobⅦd／2』と類似した旋律が出てくるということで、発見時にはこれが『HobⅦd／2』に該当する作品ではとする向きもあったということだが、現在ではウエスト・チェスター大学のスターリング・E・マリーによって、当時管楽器の協奏曲を量産していたボヘミアの作曲家アントニオ・ロセッティ（1750-92）の作品であることがほぼ明らかになっている。現在この曲には、「RWV（ロセッティ作品目録）C56Q」が与えられている。2つのホルンの掛け合いが楽しめる曲だが、一聴すればハイドンらしくない箇所が多いことは素人にも感じられる。英語版「Wikipedia」では、この曲を『HobⅦd／6』と記載しているが、詳細な根拠は不明である。[2]

　意外にも多くの録音があるが、廃盤が多い。先に紹介したヘルマン・バウマン（Hr）、アイオナ・ブラウン指揮、アカデミー室内管弦楽団盤（Philips, Decca）が、3つのホルン協奏曲を1枚に収めて便利でよかったが、現在入手はやや困難。第2番だけなら、デイル・クレヴェンジャー（Hr）、ヤーノシュ・ローラ指揮、フランツ・リスト室内管弦楽団盤（TELDEC）や、バリー・タックウェル（Hr）、ネヴィル・マリナー指揮、アカデミー室内管弦楽団盤（Philips, Decca）などもいいが、後者は現在セットのなかの1枚である。

注
（1）この曲の作曲者を特定するために、ヨーゼフ・ハイドン、ミヒャエル・ハイドン、アントニオ・ロセッテイの三者の作風を比較分析した、アメリカ・シンシナティ大学アンナ・レベレンツによる2011年の長大な研究論文がインターネットで読めるが、そこでの結論もランドンらの通説どおりミヒャエルが有力というものだった。Anna Marie Leverenz, "The Debated Authenticity of Franz Joseph Haydn's Concertos for Horn: An Historical and Theoretical Approach to Attribution," University of Cincinnati, 2011.（https://etd.ohiolink.edu/apexprod/rws_etd/send_file/send?accession

　　=ucin1319487744&disposition=inline）［2021年10月5日アクセス］
（2）前掲「List of concertos by Joseph Haydn」「Wikipedia」［2021年12月22日アクセス］

# 2-7

## チェロ協奏曲

『チェロ協奏曲第4番ニ長調 Hob
Ⅶb ／ 4』『チェロ協奏曲第5番ハ
長調 HobⅦb ／ 5』

「チェロ協奏曲第4番」
クリーゲル盤

　ハイドンのチェロ協奏曲には『第
1番ハ長調HobⅦb ／ 1』（1765年
ごろ）と『第2番ニ長調HobⅦb ／
2』（1783年）の2曲があることは現
代のクラシック音楽ファンならば常識である。ところがホーボーケ
ンに真作として番号が割り振られたチェロ協奏曲は、なんと5曲も
あるのである。『第3番ハ長調HobⅦb ／ 3』（1780年ごろ）は紛失
作品だが、『第4番ニ長調HobⅦb ／ 4』と『第5番ハ長調HobⅦb
／ 5』の2曲は、現在では偽作とみなされている。
　まず、『チェロ協奏曲第4番ニ長調 HobⅦb ／ 4』の真の作者は
ローマの人ジョバンニ・バッティスタ・コンスタンツィ（1704-
78）だろうとされているが、不確かである。数少ないCDに、マリ
ア・クリーゲル（Vc）、ヘルムート・ミュラー＝ブリュール指揮、
ケルン室内管弦楽団盤（Naxos）があり、そこで解説を書いている
ゲルハルト・アンダース（1960-）によれば、現在まで伝わる4つの
筆写譜のうち、3つまでもがハイドンの名を冠しているが、残る1
つにはコンスタンツィの名が記されているそうである。ということ

は、そのどちらかが真の作曲者である可能性が高いということになるのだが、アンダースによると、双方ともに疑義があって決定的な決め手がないという。現在確認できるコンスタンツィのチェロ協奏曲はバロック式の教会ソナタ形式のもので、初期古典派様式のこの曲の音楽とはかなり隔絶している。またゲルラッハによれば、両端楽章のシンコペーションを用いたモティーフへのこだわりや、中間楽章の大半が短調であること、それにチェロというよりもヴィオラ・ダ・ガンバを思わせる独奏パートの書き方などに鑑みれば、たとえブライトコップ社の書庫に楽譜があった事実があっても、それだけでハイドン作とはとうていいえないということだ。確かにハイドンのほかのどの協奏曲と比べても、第4番はバロック・スタイルで、特に第2楽章は美しいが一時代前の音楽を思わせる。

　ダーヴィト・ポッパー（1843-1913）の作とされる『チェロ協奏曲第5番ハ長調 Hob Ⅶb ／ 5』については、ムスティスラフ・ロストロポーヴィチ（Vc）、ユーリ・アーノロヴィチ指揮、ボリショイ放送管弦楽団の演奏動画（1964年）が残されているものの、この曲を収録したCDはない[(2)]。曲はハイドンの遺した断章をポッパーが補筆したという触れ込みだったが、聴くかぎり古典派のスタイルこそ踏襲しているものの、旋律や和声はもとより、独奏パートにかなりの技巧や高音域を要求しているなど、明らかにハイドンの音楽ではない。ところで、いまさっきCDはないと書いたが、実はこの曲が収録してあると称するCDならある。リン・ハレル（Vc）、エンジェル合奏団盤（Azica）がそれで、ジャケットには堂々と「ハ長調 Hob Ⅶb ／ 5」を収録していると書いてあるが、聴いてみると『チェロ協奏曲第1番ハ長調 Hob Ⅶb ／ 1』だった。実際ライナー・ノートには1960年にプラハの図書館で発見されたとか、66年にクリーヴランド管弦楽団とこの曲を演奏できたのは幸運だったとか、紛れもなく『第1番』に関するハレル自身の署名を付した文章が記載されていて、もうのけぞるしかない。これは新手の詐欺ですか？どうか読者のみなさん、今日中にATMで手続きすれば還付金が戻

る話と、リン・ハレルの演奏でハイドンの未知の曲が聴けるという
話にはだまされないようにお気をつけください。

注
（1）1954年に自筆譜が見つかるまでは、第2番は独奏パートが異例に技
　　巧的に書かれていることや、高音域が多用されていることなどか
　　ら、エステルハージの楽団のチェロ奏者だったアントン・クラフト
　　（1749-1820）作ではと疑われていた。
（2）「YouTube」で視聴できる。「Mstislav Rostropovich plays Haydn-
　　Popper Cello Concerto - video 1964 best quality」「YouTube」
　　（https://www.youtube.com/watch?v=tLfFSPAw5s4）〔2021年12月
　　22日アクセス〕

# 2-8

## オルガン／チェンバロ協奏曲

『オルガン協奏曲ヘ長調HobⅧ／7』『チェンバロ協奏曲ト長調
HobⅧ／9』

　ハイドンの鍵盤楽器のための協奏曲はホーボーケンの真作番号が
付いているものだけで11曲あり、なかにはオルガン、チェンバ
ロ、ピアノのどの楽器を独奏楽器として想定していたのかについて
は議論が残されている曲もある。最後に書いた『ピアノ協奏曲ニ長
調HobⅧ／11』は、ハイドンのピアノ協奏曲としてとりわけ有名
である。これらのうち、『オルガン協奏曲ヘ長調HobⅧ／7』と
『チェンバロ協奏曲ト長調HobⅧ／9』の2曲は、真筆かどうか疑
いがもたれている。
　ピアノによる数種類の録音がある『HobⅧ／9』については、比
較的新しく入手も容易で、コスパ（コストパフォーマンス）にも優

れているものとして、セバスティアン・クナウアー（Pf）、ヘルムート・ミュラー＝ブリュール指揮、ケルン室内管弦楽団盤（Naxos）を挙げたい。ジェレミー・シープマン（1942-2016）のライナー・ノートによれば、この曲は自筆譜が残っておらず、これまでハイドンの作品リストに加えられたことがない。1767年のブライトコップ社のカタログにはこの曲があるので、仮にハイドン作ならばそれ以前のかなり初期の作品ということになる。それ以外にも、オーケストラ伴奏が、ハイドンの小協奏曲（コンチェルティーノ）と同じでヴァイオリン2とバスだけでヴィオラや管楽パートを欠くことや、中間楽章で通例に反して短調の箇所が長く続くことも、偽作の可能性をうかがわせるということだ。個人的にも、両端楽章よりも長い中間楽章がかなり退屈で散漫なので、いくら初期作品といってもハイドン作とするには苦しいかなという印象だ。

『HobⅧ／7』の両端楽章は1760年以前作曲とハイドンのごく初期の作品『ピアノ三重奏のためのディヴェルティメント ヘ長調 HobⅩⅤ40』を編曲したもので、編曲者や中間楽章の作曲者については、ゲオルク・クリストフ・ヴァーゲンザイル（1715-77）に帰されたこともあったが、結局はよくわからないとされているようだ。この曲には、オルガン、ピアノ、チェンバロ独奏による演奏がある。なお、独奏楽器以外はヴァイオリン2とバスと簡素である。オルガン版にはアントン・ホルツァプフェル（Org）、フローリアン・ヴィーニンガー指揮、ドルチェ・リゾナンツァ盤（Brilliant Classics）がハイドンのオルガン協奏曲を2枚のCDにまとめて収録していて一推し。ピアノ版はいろいろあるが、チャン・ヘーウォン（Pf）、ロベルト・スタンコフスキー指揮、カメラータ・カッソヴィア盤（Naxos）には『HobⅧ／9』も入っていて、これも便利が売りだ。チェンバロ版だと、シェティル・ハウグサン（Cem）、ヘルムート・ミュラー＝ブリュール指揮、ケルン室内管弦楽団盤（Naxos）がある。なおアコーディオン編曲に、ヴィヴィアヌ・シャッソ（Accordion）、バーゼル室内管弦楽団盤（Sony）がある。

# 2-9

## 弦楽四重奏曲

『弦楽四重奏曲第13番ホ長調
Op.3-1 HobⅢ／13』『弦楽四重奏
曲第14番ハ長調 Op.3-2 HobⅢ／
14』『弦楽四重奏曲第15番ト長調
Op.3-3 HobⅢ／15』『弦楽四重奏
曲第16番変ロ長調 Op.3-4 HobⅢ
／16』『弦楽四重奏曲第17番ヘ長

「弦楽四重奏曲第15-18番」
コダーイＱ盤

調 Op.3-5 HobⅢ／17「セレナーデ」』『弦楽四重奏曲第18番イ長
調 Op.3-6 HobⅢ／18』『弦楽四重奏曲ニ長調HobⅢ／D3』

　ハイドンの弦楽四重奏曲は弟子のイグナツ・プライエル（イニャ
ス・プレイエル、1757-1831）が立ち上げた楽譜出版社で刊行された
プライエル版全集による通し番号で第83番まであるが、第13番か
ら第18番までの6曲は偽作とされている。その経緯については、
大宮真琴（1924-95）が『最新名曲解説全集11 室内楽曲Ⅰ』で詳し
く解説している。

　それによると、この6曲は最初1777年にパリのベユー社がハイ
ドン作曲として出版して、それがプライエルの全集にも受け継がれ
てOp.3とされた。しかし、ベユーの出版譜以外にこの曲集には同
時代の筆写譜などがなかった。1960年代になると研究が進んだ。
ハンガリーの音楽学者ラースロー・ソムファイ（1934-）は、Op.3
がハイドン作ではないことの根拠として、ベユーがハイドンと何の
関係もない出版社で、79年に出版したハイドン作とする弦楽四重
奏曲6曲も偽作であるという外的証拠を示し、さらに様式的にもハ
イドン作曲ではありえないと断じている。また、アラン・タイソン
（1926-2000）とH・C・ロビンス・ランドン（1925-2005）が共同で

100

ベニュー版の銅板を調査したところ、第13番と第14番の2曲については「ホフシュテッター氏による」という刻印が消された跡を発見した。

　こうして6曲のうち少なくとも2曲はハイドンの名前よりも前にロマン・ホフシュテッター（1742-1815）の名前が刻まれていたことが判明した。ホフシュテッターはオーストリア・ミルテンバッハ近郊のアモルバッハ修道院の僧侶で、自作の弦楽四重奏曲などを出版した作曲家でもあった。彼は自分の作品がハイドン作として出版されていることにどう対応したのだろうか。ゲオルク・フェーダー（1927-2006）はホフシュテッターの書簡を調査し、彼がハイドンの音楽の愛好家だったものの、晩年は貧困だったので1801年に出版されたプライエル版ハイドン弦楽四重奏曲全集を知らなかったと思われることを明らかにしている。

　というわけで、ここまでの話のとおりなら実のところは『第15番』から『第18番』までの4曲については、ホフシュテッター作とする刻印などの証拠があったというわけではないが、ハイドン作でないことはほぼ確かであり、現在では全6曲がホフシュテッター作だろうとみなされているようである。

　1755年から60年ごろのOp.1、2の初期弦楽四重奏曲がいずれもメヌエット楽章を2つもつ5楽章構成であり、68年から71年ごろのOp.9、17はメヌエット楽章が1つの4楽章形式で統一されていて、Op.3には5楽章構成のディヴェルティメント・スタイルの曲が1曲もないところから、ハイドンの作ならばOp.1、2とOp.9、17の中間よりはむしろ後者寄りの作曲時期と考えられる。ちなみにOp.3の6曲は、メヌエット楽章が1つだけの4楽章構成が4曲で（『弦楽四重奏曲第13番ホ長調 Op.3-1 HobⅢ／13』は第2楽章にメヌエット、『同第15番ト長調 Op.3-3 HobⅢ／15』『同第17番ヘ長調 Op.3-5 HobⅢ／17「セレナーデ」』『同第18番イ長調 Op.3-6 HobⅢ／18』は第3楽章にメヌエット）、ソナタ形式のアレグロ楽章を欠き、アンダンテの主題による変奏曲で開始する3楽章構成が1曲（『同第14番ハ

長調 Op.3-2 HobⅢ／14』)、そしてアレグロの開始楽章にアダージョの導入部をもつプレストのフィナーレが続く2楽章構成が1曲(『同第16番変ロ長調 Op.3-4 HobⅢ／16』)と、いかにも多彩である。しかしOp.9や、特にOp.17のような優れた作品群と比較すると、やや冗長でおもしろみを欠くところが、様式的にハイドン作でないという理由になるのだろうか。(2)

　Op.3が偽作として定着する以前には、ハイドン作としての録音もあった。しかし、例えば史上初のハイドン弦楽四重奏曲全集としてリリースされたエオリアン四重奏団盤(Decca)では、初出LPやCD初期版(1980年のキング国内盤)には含まれていたOp.3が現行CDでは削除されているなど、偽作と決まってからは全曲を聴くのさえ困難になってきている。ファイン・アーツ四重奏団盤(VOX)もあったがCD化されていないはずだ。唯一の例外がコダーイ四重奏団盤(Naxos)で、ホルン2を加えた6声のディヴェルティメントの編曲である『弦楽四重奏曲第9番変ホ長調 作品2-3 HobⅢ／9』(原曲は「HobⅡ／21」)と『同第11番ニ長調 作品2-5 HobⅢ／11』(原曲は「HobⅡ／22」)の2曲も加えて、あえて偽作・疑作とされている初期弦楽四重奏曲を新録音している。(3)

『第17番「セレナーデ」』だけは、他楽器のギターを思わせるピツィカート伴奏に乗って、弱音器を付けた第1ヴァイオリンが優美でのどかに歌う第2楽章が有名で、昔から「ハイドンのセレナーデ」として知られてきたため、単独での録音が少なくない。しかし偽作とされたためか最近は取り上げられることが減ってきていて、アマデウス四重奏団盤(DG)、イタリア四重奏団盤(Philips, Decca)という定評ある名演か、比較的新しいところで(それでも30年以上昔だが)フィルハーモニア・クァルテット・ベルリン盤(Denon)やウィーン四重奏団盤(Camerata)などを選んで聴くことになる。バリリ四重奏団の1957年東京ライブもある(オーマガトキ)。

　最後に、『弦楽四重奏曲ニ長調 HobⅢ／D3』は、「作品辞典」によると62曲と膨大な数が存在する、プライエルの全集から外れた

偽作の1つで、ピッコロ・コンチェルト・ウィーン盤（Accent）の
CDがある。5楽章構成のディヴェルティメント・スタイルの曲
で、同じく「作品辞典」によると、この曲の真の作者はヨハン・ゲ
オルク・アルブレヒツベルガー（1736-1809）ということである。

　なお、ハイドンの弦楽三重奏曲とピアノ三重奏曲にも、ホーボー
ケンが疑作と分類した曲がある。しかしそのうち録音があるのは現
在ではほぼ真作と考えられている曲に限られているので、項を立て
た詳述はしなかった。

　注
（1）大宮真琴『最新名曲解説全集11 室内楽曲Ⅰ』音楽之友社、1980年
（2）本文中で後述のコダーイ四重奏団盤（Naxos）のライナー・ノート
　　にあるオークランド大学のアラン・バドレイ（生年不詳）による解
　　説では、「作曲者が誰であるかにかかわらず、この曲集には賞賛に
　　値する個所が沢山ある。生き生きとした両端楽章と、上品で優雅な
　　緩徐楽章、当時のオーストリア音楽に欠くことができない軽快でう
　　っとりさせるメヌエットを備えている。主題の展開に複雑なところ
　　はほとんどないが、各楽章はそれ自身のロジックと内的な音楽的必
　　然性にしたがっている」「Op.3の四重奏曲は、ハイドンやモーツァ
　　ルトの偉大な弦楽四重奏曲群と比較すれば、洗練されていないが、
　　新鮮さや娯楽のセンスは非常に訴えかけるものがある」と、Op.3
　　をきわめてポジティブに評価している。また、ホフシュテッターの
　　ほかの出版された弦楽四重奏曲と比較して、ほとんど様式的な類似
　　性がないことを発見したレジナルド・バーレット・エアーズ（1920-
　　81）の研究に賛同し、もしこのOp.3が本当にホフシュテッターの
　　手によるものだとしたら彼の最良の作品群であるとしている。本文
　　との統一のため一部の記述を改めた。
（3）編曲といっても単にホルンのパートを削除したもので、意図したも
　　のなのか錯誤なのか、編曲はハイドン自身によるのか他人なのかは
　　不明。「研究室」では、「この2曲〔Op.2-3とOp.2-5〕は他の
　　〔Op.2の〕4曲とスタイル的に全く違和感が感じられなく、もとも
　　と弦楽四重奏曲としても演奏できるように考えられていて、Op.2
　　の曲集に加えられるように、当初から意図されていたのではない
　　か」とあり、ハイドンの意図した形での出版だったのではと考察し
　　ている（本文との統一と補足説明のため一部の記述を書き改め

た）。他方で「作品辞典」は、「管楽パートが欠落して伝承され、ここに混入してしまったもの」と記していて、ハイドン本来の意図したものではないと考えているようである。なお、知るかぎりコダーイ四重奏団、エオリアン四重奏団、その他全集を完成したどこの四重奏団も、交響曲A変ロ長調（「HobⅠ／107」）の管楽パートを外した他人によると思われる編曲『弦楽四重奏曲第5番変ロ長調Op.1-5 HobⅢ／5』は録音していない（ちなみに、従来Op.1-1だったが除かれた変ホ長調の曲を、欠番を埋める形で「第5番 Op.1-5」と呼ぶことをしばしば見かける。しかし混乱を避けるためには番号なしか、「第0番 Op.1-0」と呼ぶのが望ましい）。

# 2-10

## クラヴィーア・ソナタ 1

「クラヴィーア・ソナタ全集」
デルジャヴィナ盤

『クラヴィーア・ソナタ第1番（第10番）ハ長調HobⅩⅥ／1』『クラヴィーア・ソナタ第5番（第8番）イ長調HobⅩⅥ／5』『クラヴィーア・ソナタ第11番（第5番）ト長調HobⅩⅥ／11』『クラヴィーア・ソナタ第15番ハ長調HobⅩⅥ／15』『クラヴィーア・ソナタ第16番変ホ長調HobⅩⅥ／16』『クラヴィーア・ソナタ第17番変ロ長調HobⅩⅥ／17』『クラヴィーア・ソナタ第47番（第57番）ヘ長調HobⅩⅥ／47』『クラヴィーア・ソナタ（第4番）ト長調HobⅩⅥ／G1』『クラヴィーア・ソナタ（第7番）ニ長調HobⅩⅦ／D1』『クラヴィーア・ソナタ（第17番）変ホ長調HobⅩⅥ／Es2「ライゲルン・ソナタ第1番」』『クラヴィーア・ソナタ（第18番）変ホ長調HobⅩⅥ／Es3「ライゲルン・ソナタ第2番」』『クラヴィーア・ソナタ ヘ長調HobⅩⅥ／F3「ボルツ

ァーノ・ソナタ」』

　ハイドンの鍵盤楽器のための曲は、初期はチェンバロを想定していたが、1771年ごろに作曲された名高い『クラヴィーア・ソナタ第20番（第33番）ハ短調Hob ⅩⅥ／20』をみると、使っている強弱記号からクラヴィコードあるいはピアノを想定したものに変わってきていると考えることができる[(1)]。そのためここでは、多くの文献同様にチェンバロとピアノの両方を包含した呼称であるクラヴィーアのためのソナタという表現を用いることにする。

　通番はかなり混乱しているが、幸い「ピティナ・ピアノ曲事典」に大崎滋が「ハイドン：クラヴィーア・ソナタ編纂の歴史」[(2)]という一節をもうけて詳細に経緯を説明していて、大変に参考になる。適宜引用して要約すれば以下のようになる。

①ハイドンのクラヴィーア・ソナタの全曲に通し番号を初めて付けたのは、1908年に始まる史上初のブライトコップ＝ヘルテル社による『ハイドン全集』（1933年に挫折）の一環として、当該巻を担当したカール・ペスラー（1863-1942）だった。出版は18年。

②ペスラーによって全52曲とされた通番は、初期の曲の作曲順については資料が不十分で修正の必要があったものの、その後ホーボーケンによって作成された「ハイドン作品目録」（1957年）にも踏襲された。これはホーボーケンが、すでに整理されているジャンルについてはできるだけそれを尊重するという方針を採用していたためである。

③しかし、ペスラー＝ホーボーケンのカタログには誤って含まれてしまった偽作や単なる編曲がある一方で、逆に誤って外された真作や新発見の曲もある。創作年代順をより反映したと考えられる番号付けの必要があった。

④クリスタ・ランドン（H・C・ロビンス・ランドン夫人、1921-77）

による「ソナタ全集」（ウィーン原典版の初版3巻、1964-66年）は新たに13曲を加え（うち6曲はエントヴルフ・カタログに見出し譜があるだけの紛失作品）、3曲を排除して計62曲とし、さらに大胆にも創作順を新たに推定して全面的に番号を付け直した。しかしそれほど根拠があるものではなく、複数の番号が並存することでハイドンの作品整理に混乱をもたらすことになった。

⑤ケルンのハイドン研究所が編纂する「ヨーゼフ・ハイドン全集（JHW）」の当該巻担当のフェーダーによるソナタ全曲版（ヘンレ社版3巻、1964-70年）は、通し番号を付すのをやめ、同時期に作曲されたと考えられるもの、あるいは一緒に出版されたもの、ということを基準に、全54曲を10のグループに分けた。

　ここでは広く流布しているホーボーケンの番号を基本とし、C・ランドンによる番号を括弧内に付記しておいた(3)。なお、ペスラー、フェーダー、C・ランドンの3つのカタログそれぞれでどの作品がカウントされているのかについては、大崎滋による一覧表が掲載されているので、「ピティナ・ピアノ曲事典」の該当箇所を参照されたい。

　ここで取り上げるのは初期のソナタ群だが、自筆譜が残っているものはわずかである。エントヴルフのカタログやエルスラー＝ハイドン目録にも記載がなく、自筆譜もないので信憑性が疑われている曲は『第1番（第10番）ハ長調Hob XVI／1』『第5番（第8番）イ長調Hob XVI／5』など少なくない。これらの曲はハイドン自身が自作と認めたとされているが、『第16番変ホ長調Hob XVI／16』『（第4番）ト長調Hob XVI／G1』のようにハイドン生前の出版もなく、ハイドン自身が自作と認めたわけでもない曲は、偽作の疑いが濃くなり、C・ランドンは『第16番』を真作から外している。

　両者がカタログに加えている『第11番（第5番）ト長調Hob XVI／11』は第1楽章が『（第4番）G1』の第3楽章とまったく同じである。当時は使い回しが常套的だったとはいえ大半の事例は異なる

楽器の曲への転用・編曲であることを考えると、両方ともにハイドンの真作なのかは疑わしい。ちなみに「研究室」では、「楽章構成や全体のまとまりがこちらの方が圧倒的に優れている」ことを理由に、『第11番』を単なる楽章の寄せ集めとし、むしろ『（第4番）G1』こそ真作に間違いないと考えている新全集版の考え方を支持している。

『同第15番ハ長調Hob XVI／15』は、ブライトコップ社が1806年にハイドン作として出版しているが、『ディヴェルティメント ハ長調Hob II／11「夫と妻、誕生日」』の第1、2、4楽章を他人が編曲したものであり、C・ランドンはリストから外した。『同第17番変ロ長調Hob XVI／17』は、真の作曲者がヨハン・ゴットフリート・シュヴァーネンベルク（1737-1804）と判明している珍しいケースで、当然この曲もC・ランドンはリストから外している。

　C・ランドンが真作に加えた『（第17番）変ホ長調Hob XVI／Es2』と『（第18番）変ホ長調Hob XVI／Es3』の2曲については、「作品辞典」に詳しい紹介がある。それによれば、「これらの作品は、EK（エントヴルフのカタログ）やHV（エルスラー＝ハイドン目録）にも記載がない作品」「1961年にハイドンのほかの3曲の筆写譜と同時に現在のチェコにあるライゲルン修道院で発見された」「発見された筆写譜が5曲とも同じ写譜家によって写譜されているのと、筆写譜に使われている用紙がすべて同じ用紙を使用しているため、これらの作品はハイドンの未知の作品だろうとみなされた」「これらは書法的に同一性が感じられるということで、ほかの作曲者の作品だとすると、同一作曲者の作品と考えられている」「その後、1972年にブタペストでEs3の別の筆写譜が発見されたが、それは3楽章構成で〔ライゲルン修道院の筆写譜は2楽章構成〕、作曲者としてマリアノ・ロマーノ・カイザー（詳細不明）と記してあった[4]」ということである。こうした経緯から、現在ではこれらの2曲は偽作の可能性が濃厚なのだが、「研究室」では『（第18番）Es3』について、「作品的には、かなりの力作で、初期のハイドンの諸作

と比べて全く見劣りがしません」と高く評価している。

『（第7番）ニ長調Hob ⅩⅥ／D1』は第1楽章が主題と変奏だったために、ホーボーケンによってその他のクラヴィーア曲の偽作に分類された曲。しかし第2楽章がメヌエット、第3楽章がアレグロなので、ソナタに分類することが正解と考えられる。この曲をC・ランドンはソナタに分類し、かつ真作としている。

『第47番（第57番）ヘ長調Hob ⅩⅥ／47』はハイドンが自作と認めていて、エルスラー＝ハイドン目録にも記載されているが、1957年にウィーンで『ホ短調Hob. ⅩⅥ／47bis』が発見されたところ、その第1楽章と第2楽章は、『第47番（第57番）』の第2楽章と第3楽章を移調したものだった。つまり3つの楽章のうち1つだけが異なる2曲について、オリジナルはどちらか確定する必要が出てきたことになる。結局「作品辞典」によれば、現在有力な説は、『ホ短調（47bis）』のソナタがオリジナル、『第47番（第57番）』のソナタは、第1楽章に偽作の作品を加え、オリジナルの『ホ短調（47bis）』のソナタからメヌエット楽章を除いた作品ということである。

『ヘ長調Hob ⅩⅥ／F3「ボルツァーノ・ソナタ」』は、2009年にイタリアのボルツァーノで、『第11番（第5番）ト長調Hob ⅩⅥ／11』と『第18番（第20番）変ロ長調Hob ⅩⅥ／18』の2曲と一緒に筆写譜が見つかった、新発見の曲である。カタログや目録にも記載がなく、ハイドン作とする根拠は乏しいが、ハイドン没後200年を機に改訂されたウィーン原典版のソナタ全集に加えられた。一応現状は真作扱いされている曲なので、偽作ないし疑作のリストに加えるのもどうかとも思うが、今後どうなるかわからないのでとりあえず特記しておくことにした。

　さてハイドンのクラヴィーア・ソナタ全集はこれまで多くのピアニストによって録音が成し遂げられてきた。代表的なものに、モダン楽器のジョン・マッケイブ（Decca）、ヴァルター・オルベルツ（Berlin Classics、Denon）、ルドルフ・ブッフビンダー（TELDEC、

Warner)、イェネー・ヤンドー（Naxos）などがあり、ピリオド楽器にはロナルド・ブラウティハム（BIS）やクリスチーネ・ショルンスハイム（Capriccio）などがある。先に紹介した曲のうち、『第15番』と『第17番』の録音は非常に少ないが、エカテリーナ・デルジャヴィナ盤（Profil）には2曲とも収録されている。またピアニストによっては『第11番（第5番）』や『第16番』を録音していないので、全集を選ぶ際には注意が必要である。なお『「ボルツァーノ・ソナタ」』は、新しいウィーン原典版に基づいて録音したダニエル・フックス盤（Cascavelle）が唯一であり、11枚組みの全集を買わないと聴けないのが難点である。

注
（1）中野博詞『ハイドン復活』（春秋社、1995年）の記述に基づく。
（2）「ハイドン」「ピティナ・ピアノ曲事典」（https://enc.piano.or.jp/persons/219）［2021年10月6日アクセス］
（3）番号付けが並存してしまったいきさつについての詳細は、ブログ「鈴木頌の発言 国際政治・歴史・思想・医療・音楽」（http://shosuzki.blog.jp/）［2021年10月6日アクセス］に詳しい。特に2017年11月11日の記事「ハイドンのピアノソナタ ここまでやってしまった」（http://shosuzki.blog.jp/archives/73579733.html）と「クリスタ・ランドンとランドン時代の終わり」（http://shosuzki.blog.jp/archives/73580378.html）［ともに2021年10月6日アクセス］を読めば、時間がかかりすぎるハイドン研究所の校閲作業に業を煮やしたランドン夫妻が、功を焦るようにして独自にウィーン原典版を立ち上げた経緯が客観的な視点で紹介してあり、大変に興味深いものがある。鈴木が参考にしたとしている飯森豊水「J.ハイドン研究における近年の変化について」（「開智国際大学紀要」第16号、開智国際大学、2017年）も、歴代ハイドン研究者を列伝的に紹介していてきわめて有益である。
（4）引用に際して表記を統一し、一部文体を改めた。

# 2-11

## クラヴィーア・ソナタ2

『クラヴィーア・ソナタ（第21番）
ニ短調HobⅩⅥ／2a』『クラヴィー
ア・ソナタ（第22番）イ長調Hob
ⅩⅥ／2b』『クラヴィーア・ソナタ
（第23番）ロ長調HobⅩⅥ／2c』
『クラヴィーア・ソナタ（第24番）
変ロ長調HobⅩⅥ／2d』『クラヴ
ィーア・ソナタ（第25番）ホ短調
HobⅩⅥ／2e』『クラヴィーア・ソナタ（第26番）ハ長調HobⅩⅥ
／2g』

「クラヴィーア・ソナタ第21-26番」
バドゥラ＝スコダ盤

　ハイドンのクラヴィーア・ソナタのうち、エントヴルフのカタロ
グに見出し譜が記載されているものの、紛失してしまった曲が7曲
あり、これらについてホーボーケンは「HobⅩⅥ／2a」「2b」
「2c」「2d」「2e」「2g」「2h」として付録扱いし、通番には加えなか
った[(1)]。これに対してC・ランドンは第21番から第27番の番号を与
えている。いずれにせよ曲は失われているので演奏することも鑑賞
することもかなわなかった。ところが1993年にこの曲の楽譜が発
見されたと報道され、続けて95年にはパウル・バドゥラ＝スコダ
のような大物ピアニストによるCDまで発売されたのである
（Koch）。CDのライナー・ノートはバドゥラ＝スコダ自身によるも
ので、曲の発見のいきさつや真贋をめぐる自身の見解などが書かれ
ている。簡単に要約すると次のようになる[(2)]。

①1993年初め、バドゥラ＝スコダはミュンスターのフルート奏者
　ウィンフィールド・ミッシェルからこれらの曲の楽譜を受け取

る。『(第24番)』の楽譜には1ページの欠落があり、7曲ある紛失したソナタのうち、『(第27番)イ長調Hob XVI／2h』の1曲だけは含まれていない。

②筆写譜は18世紀末から19世紀初めにかけての特徴があり、表紙の印から、かつては司教のコレクションだったことがわかる。ミッシェルは、市郊外の高齢で病弱な女性から楽譜を受け取ったが、身元については秘密にすることを約束させられた。

③1993年12月、ハイドン研究所はこれらの楽譜は18世紀のスタイルに合わせて作られた巧妙な偽造品とみなした。引用符「" "」が18世紀ならば「„ "」になっているはずであることや、当時なかったはずのスティール・ペンを使って写譜しているというのがおもな理由である。

④一方でロビンス＝ランドンはこれらの曲を真作と考え、1993年12月に「今世紀における最も重要な音楽的発見」と発表した。

⑤ハイドン研究所は第2楽章と第3楽章が贋作者のアイデア不足で短い点などを挙げて、明らかに偽作だと反論し、音楽の質は非常に高いものだと主張するロビンス＝ランドンと論争になった。

結局のところ、この出自が怪しい譜面は偽作ということで落ち着いたようだ。現在にいたるまで別録音はないし、KochがUniversal Musicに吸収されたこともあって、バドゥラ＝スコダ盤も長く廃盤のままである。たとえハイドンの作品でなくても、特に2つの短調作品などロビンス＝ランドンの主張どおり質が高い音楽なので、完全に忘れられるには惜しい気もする。

注
（1）欠番の「Hob XVI／2f」は『第14番（第16番）ニ長調Hob XVI／14』と同一作品で、誤ってホーボーケンが重複して数えたものである。
（2）「作品辞典」にはこのライナー・ノートの全訳が掲載されている。ここでの記述でも参考にした。バドゥラ＝スコダによる楽曲分析に

ついてはここでは省略したので、「作品辞典」の該当箇所（https://runchibi0808.blog.fc2.com/blog-entry-233.html）を参照されたい。

# 2-12

## ミサ曲

『ミサ曲ト長調Hob XXII／3「天の高きより水を滴らせよ（ロラーテ・ミサ）」』『荘厳ミサ曲ハ長調Hob XXII／C37』

「荘厳ミサ曲」　シュワルツ盤

ハイドンのミサ曲は14曲ある（1曲は断片）ことが知られているが、少なくとも1つの筆写譜にハイドンの名前があることを理由としてホーボーケンがリストアップした偽作ないし疑作は110曲もある。そのなかには弟ミヒャエル・ハイドンの作もあれば、同時代の作曲家の自筆譜が見つかって作曲者が特定されたものも含まれている。それほどにハイドン作というのは当時ブランドだったということだろう。

14曲中で真作かどうか疑義があるのが、『第3番「ロラーテ・ミサ」』である。エントヴルフのカタログに見出し譜を記載してあったが紛失したとされていたこの曲は、1957年にロビンス゠ランドンによってオーストリア・バッハウ渓谷のゴットヴァイク・ベネディクト会修道院で発見された。しかしその後、ハイドンの師であるカール・ゲオルク・ロイター（1708-72）を作曲者とする譜面や、フェルディナント・アルベッサー（1719-94）を作曲者とする譜面が見つかったことや、冒頭部分が見本譜と完全には一致しないことなどから、真作は失われたままで、この曲はロイターの作曲である

112

説が有力になっている。もし真作であるならば、1748年、49年作の最初期の曲になる。曲は7分程度と短く、リチャード・ヒコックス指揮、コレギウム・ムジクム90合唱団（Chandos）や、サイモン・プレスト指揮、エンシェント室内管弦楽団・オックスフォード・クライスト・チャーチ大聖堂合唱団（Decca）など、ハイドンのミサ曲全集に含まれるいくつかの録音がある。

『荘厳ミサ曲ハ長調HobⅩⅩⅡ／C37』については筆写譜が4つ残されている。ドイツ・バイエルン州のオットーベウーレンにある筆写譜には、作曲者がヨーゼフ・ハイドンと（Haidnという誤ったつづりで）書かれ、チェコのリトミシュルにある筆写譜には、作曲者はモラヴィア出身でオーストリアで活動したマルティン・ハイマリヒ（1762-1813）と書いてあり、ハンガリーのブダペストにある筆写譜には、作曲者はW・A・モーツァルトであると記してあり（そのためこの曲は「K.Anh. C1.21」のケッヒェル番号が付けられてもいる）、最後にチェコのプラハにある筆写譜では、南ボヘミア出身でやはりオーストリアで活動したヴァーツラフ・ピフル（1741-1805）を作曲者としている。

　ハイドン作として有利な材料としては、グローリアの途中、「Quoniam tu solus Sanctus ／ tu solus Dominus ／ tu solus Altissimus, Jesu Christe.（なぜならば、あなただけが聖、あなただけが主、あなただけがいと高き方であるからです、イエス・キリストよ）」の箇所の音楽がハイドンの真作『ミサ曲第5番（第3番）ハ長調HobⅩⅩⅡ／5「聖チェチーリア・ミサ」』と同一であることをあげているが、これだけでは剽窃されただけかもしれず決定的な証拠にはならない。むしろピフルの『交響曲変ロ長調Op.1-5』[1]の第2楽章「アリオーソ・アンダンテ」の旋律が、この曲の「Benedictus qui venit in nomine Domini.（祝福されますように）」の箇所の旋律と完全に一致していることから、この曲の真の作者をピフルとする説が有力になっている。

　いずれにせよこの45分あまりかかる長大なミサ曲は力作であ

り、ハ長調という調性から全休に明るく晴れやかで、宗教的な荘厳さには欠けるが、初期のハイドンの作品と比べて勝るとも劣らない。マリオ・シュワルツ指揮、コンスタンツ南西ドイツ・フィルハーモニー管弦楽団、ザンクト・ガレン・コレギウム・カントルームほか盤（Hänssler）が唯一の録音と思われるが、曲の魅力を余すところなく伝えてくれる。

注
（1）この交響曲の録音としては、マティアス・バーメルト指揮、ロンドン・モーツァルト・プレイヤーズ盤（Chandos）などがある。

# 第3章

# モーツァルト、
# 早すぎる死、多すぎる疑作

近藤健児

　モーツァルトの真作についての情報は、断片や編曲も含めて豊富にあるが、ひとたび偽作・疑作とされた曲については意外なほど資料が乏しい。それでも、以下の文献やウェブサイトがあったことで調べられたことは多い。明記して感謝する次第である。

①海老沢敏／吉田泰輔監修『全作品解説事典 モーツァルト事典』東京書籍、1991年。以下、本文と注では『M事典』と略記。
②「レコード芸術」編『モーツァルト名盤大全──作品解説＆名盤ガイド』（Ontomo mook）、音楽之友社、2006年。以下、本文と注では『名盤大全』と略記。
③森下未知世編集「Mozart con grazia──A data book on Wolfgang Amadé Mozart」（http://www.marimo.or.jp/~chezy/mozart/）［2021年12月22日アクセス］

　いずれの文献も索引か目次を活用すれば、ケッヒェル番号で該当する曲の情報に簡単にアクセスできる。上記以外の参考文献については、そのつど明記した。
　ケッヒェル番号については、『名盤大全』の安田和信「ケッヘル目録について」[1]が簡潔に必要十分な情報を提供しているので、詳し

くはそちらを参考にされたい。鉱物学者ルートヴィヒ・フォン・ケッヒェル（ケッヘルと表記されることも多い。1800-77）によるモーツァルトの体系的な作品目録の発刊は1862年（第1版）。広く知られているように、ここでは「K.1」の幼年期のメヌエットから、「K.626」の未完の「レクイエム」まで、創作年代順に作品を並べ、偽作・未完・消失作品は付録（Anhang）として付け加えている。その後研究が進み、ケッヒェル初版で考えられていた作品の成立年代に齟齬が見つかると、改訂作業によって番号が修正された。最も大規模な改訂は1937年のアルフレート・アインシュタイン（1880-1952）によるものであり、この本を読むとわかるが、多くの偽作ないし疑作とされていた作品が、真作とされて本編に加えられたのもこのときだった。ケッヒェル第3版の番号は、通常「$K^3$.」と表記する。64年のケッヒェル第6版も大規模なものだったが、特に本書との関わりでは、付録の部分の全面改訂がある。より厳格な視点であぶり出された偽作ないし疑作については、付録Cに一括してまとめられ、さらに各曲にジャンル分類を表す数字と、個別作品を表す数字を付すことで特定できる表示になっている[2]。『名盤大全』の例を紹介すると、「たとえば、ヴァイオリン協奏曲第6番変ホ長調は「$K^1$.268」だが、改訂第6版では「C：疑・偽作」に回された。この作品は第14作品群『一つまたはそれ以上の独奏楽器のための協奏曲』に分類できるため、「$K^6$.Anh. C14.04」なる番号が与えられた[3]」ということになったのである。ともあれ、長らく使われてきた第1版の番号に多くの人はなじんでいるため、現在でもそれが最も普通に使われていて、半世紀を経ても第6版の番号が浸透していないのは皮肉である。

　なおケッヒェル第1版で番号が与えられたものの、のちに偽作ないし疑作になった曲は本書で紹介している以外にもまだまだある。例えば、『詩篇129「われ深き淵より主に叫べり ハ短調K.93」』はカール・ゲオルク・ロイターの作を筆写したもの（$K^6$.Anh. A22）、『奉献歌「坐せる者らは心改められん K.177」』は父レオポルト・モ

ーツァルト作（K⁶.Anh. C3.09）、『キリエ ハ長調K.221』はヨハン・エルンスト・エーバーリン（1702-62）の作を筆写したもの（K⁶. Anh. A1）、『賛歌「われら汝を礼拝し奉る K.327」』はクィリーノ・ガスパリーニ（1749-78）の作を筆写したもの（K⁶.Anh. A10）であることがわかっているが、残念なことに音源が見つけられなかった。

**注**

（1）前掲『名盤大全』101ページ

（2）ちなみにAは他人の作品の筆写譜を表し、本書では『交響曲第3番』がこれにあたる。Bは他人によるモーツァルト作品の編曲で、本書の記述では管楽器のためのディヴェルティメントの項目などに登場している。

（3）前掲『名盤大全』では第7番になっているが、明らかな誤記のため修正した。

# 3-1

## 交響曲1

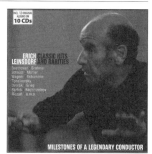

『交響曲第2番変ロ長調K.17（K⁶. Anh. C11.02）』『交響曲第3番変ホ長調K.18（K⁶.Anh. A51）』

モーツァルトの交響曲は19世紀に刊行された『旧モーツァルト全集』で41曲とされ、番号が割り振られた。そのなかには現在の研究で

「交響曲第2-3番」
ラインスドルフ盤

偽作ないし疑作とされるものも含まれていて、逆に真作ながら漏れてしまっている曲もある。加えてやはりカウントされていないが、

セレナードやオペラの序曲を改作して交響曲に仕立て直した曲もあることから、どこまでを交響曲とするかはかなり難しい問題である[(1)]。いずれにせよ、どのように数えてもモーツァルトの交響曲が41曲ではないことは確かなのだが、『ジュピター』が第41番、『パリ』が第31番といった旧全集の通番は現在まで慣用として使われ続けている。その理由は、すでに広くなじんでいることもあるが、では第何番としたら正しいのかという結論が出しにくいからと思われる[(2)]。

　廉価版ボックスセットの隆盛でモーツァルトの交響曲全集も手軽に買い求められるようになった。普通はCDで10枚から13枚ほど必要だが、1,000円台で買えるものまである[(3)]。2万5,000円もしたDGの黄色のエンブレムが付いたカール・ベーム指揮、ベルリン・フィルの重厚な国内盤LP15枚組みがレコードショップの棚の上席に鎮座していたころとは隔世の感がある。1959年に録音が開始されたそのベームの全集は、当初は全集を意図しておらず有名曲の散発的な録音だったのが、68年に一気に37曲を録音して全集を完結したものである。ベーム盤の録音では偽作・疑作と判明している曲は除かれていて、収録曲は番号なしの曲（便宜上『第42番』以降が割り振られている曲もあるが、あまり一般的ではない）や新旧の「ランバッハ」も加えた47曲で、これは現在までほかの演奏家（除ホグウッド）による交響曲全集と収録曲としては大差ないものである。旧全集でカウントされて番号が付きながら、カットされているのは『第2番』『第3番』『第37番』の3曲である。

『交響曲第2番変ロ長調K.17（K⁶.Anh. C11.02）』は、オーケストレーションが未完成のまま残されている。第3楽章にメヌエットが置かれた4楽章形式の曲で、1764年、65年という時期のほかの交響曲が急―緩―急の3楽章形式であることとは大きく異なっている。現在ではこの曲は父レオポルトの作と考えられていて、日本版「Wikipedia」によれば、「カナダの音楽学者クリフ・アイゼン（1952-）が作成したレオポルト・モーツァルトの交響曲のカタログ

に「Eisen B♭6」として掲載されている[4]」ということである。楽想が単純で、いかにも少年モーツァルトの曲を思わせる箇所もあるが、やはり作風が違う気がするし、「Mozart con grazia」によれば、そもそも草稿の筆跡が違うらしい。

『交響曲第3番変ホ長調K.18（K⁶.Anh. A51）』はドイツ前期古典派の作曲家カール・フリードリヒ・アーベル（1723-87）の『6つの交響曲 Op.7』の第6曲である。少年モーツァルトがロンドン滞在中に学習のために筆写し、オーボエのパートをクラリネットに移し替えた楽譜があったため自作と誤認されたことが原因で、作品目録に加わってしまったのである。というわけで、オリジナルの編成にあったオーボエがなくなっている（クラリネット、ファゴット、ホルンはオリジナルにもあった）のが特徴といえば特徴なのだが、聴きなれているせいか古典派の楽曲ではオーボエはやはり重要で、原曲と聴き比べるとひと味足りなく感じる。モーツァルトがなぜあえて薄味にする改変をしたのか、理由はよくわかっていないようだ。それよりも第1楽章でクラリネットと掛け合うファゴットのソロなどはなかなか大胆なものだ。低弦部をなぞっていただけの当時のオーケストラの扱いとは一線を画していて、アーベルの曲自体は少年モーツァルトとは次元が違う、かなり斬新な名品である。

この2曲を収めているCDは知るかぎり2種ある。1つは史上初のモーツァルト交響曲全集であるエーリッヒ・ラインスドルフ指揮、フィルハーモニック・シンフォニー・オブ・ロンドン盤（実態はロイヤル・フィル、Westminster）で、一部モノラルの1955-56年録音。ラインスドルフは旧全集にしたがって、番号順に41曲の交響曲を録音している。CDではDGとMCA Classicsから再発したが、現在は入手困難。この2曲だけなら『エーリヒ・ラインスドルフ名演集——Milestones of a Legendary Conductor』（Membran Wallet）に収録されている。

もう1つはニコラス・ウォード指揮、ノーザン室内管弦楽団盤（Naxos）で、こちらは94年の録音ながらあえて旧全集にのっとっ

た録音を敢行した異色盤。初期の Naxos で競合盤がある曲ではつらい演奏が多いが、こうしためったに録音されない曲を知るぶんには特段の不満はない。

注
（1）クリストファー・ホグウッド指揮、エンシェント室内管弦楽団盤（L'Oiseau-Lyre）の録音は最も網羅的で、70曲の『交響曲』が収録されている（CDは19枚におよぶ）。
（2）通番の変更が20世紀後半に実施されたアントニン・ドヴォルザーク（1841-1904）の交響曲（『第9番』の「新世界より」はかつては『第5番』や弦楽四重奏曲（『第12番』の「アメリカ」はかつては『第6番』）、あるいはシューベルトの交響曲（「未完成」は『第8番』だったが、『第7番』に変更）と事情が異なるのはそこのところだと思う。
（3）アレッサンドロ・アリゴーニ指揮、オルケストラ・フィラルモニカ・イタリアーナ盤（Past Perfect）が最安と思われる。入手困難になってしまったが、コスパのよさでいえば、52曲13枚組みのハンス・グラーフ指揮、ザルツブルグ・モーツァルテウム管弦楽団盤（Capriccio）がお勧めだったのだが。
（4）「交響曲第2番（モーツァルト）」「Wikipedia」［2021年12月22日アクセス］

# 3-2

## 交響曲 2

『交響曲第37番ト長調K.444（K$^3$.425a 、K$^6$.Anh. A53）』『管弦楽のためのフーガ ニ長調K.291（K$^6$.Anh. A52）』

　いまでこそ情報が氾濫しているが、少し前までにモーツァルトの交響曲を聴き始めた人は、きっと筆者のようにショップに並んでいる後期交響曲を集めたLPないしCDが、第35、36、38、39、

40、41番の6曲セットばかりなことを不思議に思ったのではないだろうか。「どうして第37番がないのだろうか。そんなに駄曲なんだろうか」と思いながら、つい先日なくなってしまった名古屋・栄の地下街の店でその曲が入ったLPを探していた40年以上昔の自分が懐かしく思い出される。店員に「あれは偽作なんだから録音はないよ」と教えら

「交響曲全集」　ホグウッド盤

れ、やがて本や雑誌でも情報を得て録音がない理由はわかったが、少なくともモーツァルトの後期交響曲の一角を占める作品として誤認されていたほどの曲なんだから、真作ではなくてもきっとすごい曲にちがいないので、一度は聴いてみたいと思い続けていた。エーリヒ・ラインスドルフ指揮、フィルハーモニック・シンフォニー・オブ・ロンドン盤（実態はロイヤル・フィル、Westminster）の録音があるらしいと知ったのは、すでにその熱もあらかた冷めて、マーラーやショスタコーヴィチに夢中になってしまったあとだった。そのためモーツァルトの輸入盤をあさる予算的余裕がなく、そもそもいまと違って輸入LPは簡単にほしいものをインターネット通販で買える時代ではなかったので、そのままになってしまっていた。クリストファー・ホグウッド指揮、エンシェント室内管弦楽団盤（L'Oiseau-Lyre）の巨大な全集に入っているらしいとも噂に聞いたが、これも高価すぎて手が出なかった。

　CDの時代に入ってしばらくあと、おそらく1996年ごろにショップでNaxos盤を見かけた。ニコラス・ウォード指揮、ノーザン室内管弦楽団盤。「モーツァルト・交響曲第19・20・37番」と書いた日本語帯が付いている。「ファン垂涎！　あの幻の『モーツァルト交響曲第37番』を全曲収録」とも書いてあった。20年前の記憶がよみがえった。これは何としても聴かなければならない。すぐに帰宅

121

し、ワクワクしてCDをトレイに置く……。

さて、この『交響曲第37番ト長調K.444（K³.425a、K⁶.Anh.
A53)』の正体だが、ミヒャエル・ハイドンが1783年に作曲した
『交響曲第25番ト長調MH334、P16』の第1楽章にモーツァルト
が20小節の序奏を付けたものが、真作と誤認されたものである。
しかも当初は、83年10月にザルツブルクからウィーンに戻る途中
でリンツに立ち寄った際に、トゥーン・ホーエンシュタイン伯爵の
ための音楽会に間に合わせるために大急ぎで書いた交響曲と考えら
れていた。1906年にミヒャエル・ハイドンの研究家によってオリ
ジナル作品の存在が明らかになって、大急ぎで書かれた曲が実際は
『交響曲第36番ハ長調K.425「リンツ」』のほうだと判明して以後
も、序奏を付けたのはその時期と考えられ続けたのである。しかし
現在では用紙の分析によって、84年の2月から4月に、おそらくは
多くの音楽会をこなす必要から、不足していた自作の交響曲を補う
ためにウィーンでなされた仕事だということがわかってきている。

そう、つまりは弟ハイドンの曲の前にくっつけた20小節だけの
序奏。これが幻の『第37番』であり、『M事典』には、「ユニゾン
の大きい跳躍で荘厳に始まるが、冒頭の跳躍はもう一度同主短調で
繰り返され、すぐに明るい属調の楽句に転じる。主調への回帰、ヴ
ィオラの伴奏を伴いながら冒頭の跳躍が現れ、減七度の和音を経
て、ト長調の属和音上で終止して、次の交響曲第1楽章（アレグ
ロ・コン・ブリオ、4分の4拍子）に備える」と解説してある。もと
のミヒャエル・ハイドンの曲は3楽章形式で全曲でも15分に満た
ない。第2楽章にファゴットのしっかりとしたソロがあるなど、な
かなかに興味深い曲だが、失礼ながら兄ヨーゼフ・ハイドンやモー
ツァルトの曲に比べれば物足りないのも事実である。曲を一度聴け
ば、これがこの時期のモーツァルトの手によるものではないことぐ
らい素人でも気がつくと思うのだが、旧全集の編纂に関わった人は
いったい何を思っていたのだろうか。

この曲は序奏の部分だけはモーツァルトの真筆なので、偽作とい

うには語弊がないわけではない。クリストファー・ホグウッド指揮、エンシェント室内管弦楽団盤（L'Oiseau-Lyre）の全集は格安BOXになったので入手できるが、これはさすがに第一に聴くべき名演である。

　最後にミヒャエル・ハイドンがらみでもう1曲。初版では真作のリストに入っていた『管弦楽のためのフーガ ニ長調K.291（K$^6$. Anh. A52）』は、実はミヒャエル・ハイドンの『交響曲第23番ニ長調MH.287、P43』の終楽章の最初の45小節をモーツァルトが筆写したものと判明し、現在は偽作になっている。CDは当然ミヒャエル・ハイドンの作品としての録音で、ヨハネス・ゴリツキ指揮、ドイツ・カンマーアカデミー盤（cpo）で聴ける。


# 3-3

## 交響曲 3

『交響曲（第42番）ヘ長調K.75』『交響曲（第43番）ヘ長調K.76（K$^6$.42a）』『交響曲（第44番）ニ長調K.81（K$^6$.73l）』『交響曲（第54番）変ロ長調K.Anh. 216（K$^3$.74g ／ K$^6$.Anh. C11.03）』

　2014年9月14日、埼玉県所沢で驚きのコンサートがおこなわれた。「アマデス室内管弦楽団 モーツァルト交響曲全曲演奏会 シリーズ12『偽作』」と題されたそのプログラムは、

① 『ヴァイオリン協奏曲ニ長調K.294a「アデライデ」』（独奏：水山裕夫）
② 『交響曲第42番ヘ長調K.75』
③ 『交響曲第44番ニ長調K.81』
④ 『交響曲第54番変ロ長調K.Anh. 216』

⑤『交響曲イ短調 K.Anh. 220「オーデンセ」』

という、この機会を逃したらまず生では聴けない垂涎ものだった。[1]
アマチュア・オケとはいえ、なんと入場は無料。首都圏に住んでい
ればこんなにおいしい体験もできるのかと思うと、つくづく地方都
市住まいが恨めしくなる。

　さて、そのコンサートで取り上げられた3曲の交響曲ほかをこの
項では取り上げるが、その前に通番についてふれておきたい。第2
番・第3番の項で書いたように、旧全集を刊行する際に付けられた
番号で、最後の「ジュピター」交響曲は『第41番』。そのあとにモー
ツァルトの交響曲としてカウントされた曲は、折々に『第42
番』から『第56番』までの番号が振られていった。もちろん、『第
41番』が最後の交響曲であり、番号は作曲順とは一致しないた
め、あまり浸透しているとは言いがたい。[2]

『交響曲（第42番）ヘ長調 K.75』については、2度目のイタリア旅
行に出る前の1771年の初夏にザルツブルクで作曲されたと考えら
れているが、自筆譜も同時代の筆者譜も存在しておらず、唯一あっ
たブライトコップ社の筆写パート譜も戦争で失われてしまってい
る。様式的には4楽章形式で第2楽章にメヌエットが置かれている
ところなど、当時のモーツァルトの通例とは異なる部分があり、疑
作とされている。特にニール・ザスロー（1939-）は「出どころが
怪しい曲」と否定的である。個人的には輝かしい弦楽器によるバロッ
ク音楽を思わせる第1楽章が大変魅力的に思うので、全集から除
外されて録音されなくなっているのは残念である。

『交響曲（第43番）ヘ長調 K.76（K⁶.42a）』は1767年秋にウィーン
で作曲されたとされるが、やはり自筆譜も同時代の筆者譜も存在し
ておらず、唯一あったブライトコップ社の筆写パート譜も戦争で失
われてしまっている。4楽章形式だが、アインシュタインは第3楽
章のメヌエットを特に高く評価し、旧作の交響曲にあとからこの楽
章を加えたと主張している。確かにセレナード風の第2楽章はかな

124

りやぼったいが、「曲全体に活気がある」（『M事典』）と評される第
3楽章もトリオでの重たげな繰り返しがもたついていて、それほど
秀逸には思えない。むしろ「様々な楽想が現れるが、雑多な印象は
否めない」（同）と低評価の第1楽章にこそモーツァルトを聴く楽
しみがあふれているように思える。ちなみに『名盤大全』では、松
村洋一郎が「この時期のモーツァルトらしくない点を挙げれば、そ
れは第1楽章の管楽器の充実ぶりだろう。オーボエとホルンに加え
ファゴットが参加し、それぞれが独立した動きを見せていること、
そして、通常では管楽器が休む提示部の属調部分においても管楽器
が使われていることが特徴的である」とこの楽章を評している。い
ずれにせよ、真筆か父レオポルトの作品かの決着は「新たな資料の
発見をまつほかない」ということになる。

『交響曲（第44番）ニ長調K.81（K$^6$.73l）』は1770年にローマで作
曲された3楽章の交響曲。筆者不明の手稿譜にモーツァルトの名前
があり、姉ナンネル（アンナ・マリア・モーツァルト、1751-1829）に
宛てた手紙の記述とも合致するが、ブライトコップ社のカタログで
は父レオポルトの作品として掲載されていたことなどから、疑わし
い作品になっている。『M事典』によると、アインシュタインが
「レオポルトにこれほど質の高い作品が書けるわけがない」として、
て、真作だと主張したそうだ。『M事典』では別項で書いている
『新旧「ランバッハ」』の件を取り上げて、その主張の正当性を正面
から疑ってかかっているが、軽快なブッファ風の第1楽章は見事な
ものだし、第2楽章での主題を演奏する2つのパートのヴァイオリ
ンが一拍ごとに交代するアイデア（チャイコフスキーの『悲愴』の終
楽章みたいだ）など、なかなか凡庸なレオポルトにはできない芸当
のように思う。

『交響曲（第54番）変ロ長調K.Anh. 216（K$^3$.74g ／ K$^6$.Anh.
C11.03）』に関する情報はかなり少ない。「Mozart con grazia」に
は、「ブライトコップ社の自筆稿にテーマが書かれてあり、その存
在が知られていたが、20世紀初頭ようやくベルリン国立図書館で

パート写譜が見つかり、1910年に初めて出版された。アインシュタインは真作と認め、イタリア的な響きから作曲時期を1771年とし、この番号を与えたが第6版では疑作として落した[3]」と書いてある。英語版「Wikipedia」によれば、発見された写譜はすでに失われているということであり、真偽の真相の究明を困難にしている。メヌエットがある4楽章形式の曲で、特にイタリア風に軽快な第1楽章や、終始刻まれる2拍子のリズムに乗ってゆったりとのどかな第2楽章など、作曲年と考えられる71年のほかの作品と比べてもずっと成熟しているように思える。ちなみに『名盤大全』では安田和信が「とりわけ両端楽章におけるレガート中心の旋律の徹底拒否は特徴的」「緩徐楽章では冒頭主題において既に細かい単位での強弱変化が明示され、異質なオーラを放っている」と、この曲のユニークさを分析している。いずれにしろ仮に真筆ではないにしても、モーツァルトに匹敵する実力ある作曲家の手によるものと考えて間違いないのではないか。ケッヒェルの最新版で偽作になってしまったが、忘れられるのには惜しい佳作である。

『第54番』の録音は少ない。クリストファー・ホグウッド指揮、エンシェント室内管弦楽団盤（L'Oiseau-Lyre）やトレヴァー・ピノック指揮、イングリッシュ・コンサート（Archiv）の全集にはこれら4曲が収録されているが、ハンス・グラーフ指揮、ザルツブルグ・モーツァルテウム管弦楽団盤（Capriccio）、ジェフリー・テイト指揮、イギリス室内管弦楽団盤（Warner）、ネヴィル・マリナー指揮、アカデミー室内管弦楽団盤（Philips）などは『第54番』以外の3曲だけを収録。

　なお、これら以外にも例えば『交響曲第11番ニ長調K.84（K⁶.73q）』のように、疑わしいとされている曲もあるが、『M事典』での「偽作」ないし「偽作?」表記がないことに加え、各社の全集に普通に収録されてもいるのでここでは割愛する。なお、知るかぎりやはり偽作とされている『交響曲（第56番）ヘ長調K.98（K⁶.Anh. C11.04）』の録音は存在しないが、シンセサイザーによる

演奏が「YouTube」の「Mozart-KV98 Simfonia in F」にアップされている。

**注**

（1）曲名の表記を本書と統一するために一部改めた。

（2）若いころの作品に大きな番号が付けられること自体は、ヨーゼフ・ハイドンのピアノ・ソナタやアレクサンドル・グラズノフ（1865-1936）の弦楽四重奏曲などいくつも事例があり、クラシック音楽の世界では珍しいことではないが、『第42番』以降の番号は『M事典』でも使われていないなど、一般に普及していない。ちなみに第56番までの各曲は『交響曲第42番ヘ長調K.75』『交響曲第43番ヘ長調K.76（K⁶.42a）』『交響曲第44番ニ長調K.81（K⁶.73l）』『交響曲第45番ニ長調K.95（K⁶.73n）』『交響曲第46番ハ長調K.96（K⁶.111b）』『交響曲第47番ニ長調K.97（K⁶.73m）』『交響曲第48番ニ長調K.111+120（K⁶.111a）「アルバのアスカーニオ」』『交響曲第50番ニ長調K.161（K⁶.141a）＝126＋163「シピオーネの夢」』『交響曲第51番ニ長調K.196+121（K⁶.207a）「にせの花作り女」』『交響曲第52番ハ長調K.208+102（K⁶.213c）「羊飼いの王様」』『交響曲第54番変ロ長調K.Anh. 216（K³.74g ／ K⁶.Anh. C11.03）』『交響曲第55番変ロ長調K.Anh. 214（K⁶.45b）』『交響曲第56番ヘ長調K.98（K⁶.Anh. C11.04）』だが、『第49番』と『第53番』が調査したものの不明である。

（3）https://www.marimo.or.jp/~chezy/mozart/works/sym.html＃K74g.なお「Mozart con grazia」では、ホームにあるケッヒェル番号索引から容易に目指す曲の情報にアクセスできる。

# 3-4

# 交響曲4

『交響曲イ短調K.Anh. 220（K³.16a）「オーデンセ」』

『交響曲イ短調K.Anh. 220（K³.16a）「オーデンセ」』については、

かなりややこしい経緯があるので、『M事典』を参考になるべく簡単にまとめたいと思う。

　ライプツィヒの楽譜出版社ブライトコップに保管されていた、「モーツァルトの全作品の主題目録」というカタログに数小節だけ掲載されていたイ短調の交響曲は、長らくその存在がわからなくなっていた。ケッヒェルは「疑わしい作品」と考えて、「Anh. 220」の番号を付けていたが、ケッヒェル目録第3版を編んだアインシュタインは、この曲をごく初期の作品と考え、『交響曲第1番変ホ長調K.16』に次ぐ「K.16a」の番号を与えた。1982年、デンマークのオーデンセの楽団が保有する古い楽譜のなかから、全曲の筆写譜が発見された。見つかってみると、多くの学者がこの曲をモーツァルトの作とすることに懐疑的になった。「Wikipedia」の記述によれば、「ニール・ザスローは（略）K.16aにはほかのどのモーツァルト作品とも様式的に異なる個所が散見されると述べている」「フォルカー・シェルリース（1945-）が述べたところによれば、モーツァルトの専門家らは長期にわたる集中的な議論の末に、『オーデンセ』交響曲は流儀と作風の両面からモーツァルト作品とみなすことができないと合意に至ったという[(1)]」。

　この曲が1984年に復活初演され、85年にはレコードも発売になったことはよく覚えている。20世紀も終わり近くになって、失われていたモーツァルトの交響曲、しかも三番目の短調の作品が突然世に出たことには驚かされた。戦乱があっても受け継がれていくヨーロッパの紙の文化はすごいものだと感じたのだった。クリストファー・ホグウッド指揮、エンシェント室内管弦楽団盤（L'Oiseau-Lyre）の全集のばら売りLPも当時買い求めたが、当時クラシック音楽を聴きだして10年足らずの当時の筆者でも、何だかモーツァルトらしくない音楽だと思ったものだった。

　第1楽章は疾風怒濤様式の暗いパッションに彩られた第1主題で始まり、音楽そのものには魅力的なところも多いが、「第2主題は対照的に軽妙さを帯び、しかも珍しく主調の3度下のヘ長調をと

る」(『M事典』) が、通常ならば平行調であるべき第2主題の調性が
違うため、第1主題との間にしっくりとつながってこない。これは
ザスローが疑念を抱いている第一の点ということである。第2楽章
はイ長調の「平穏なアンダンテ」(同) だが、いくら初期作品だと
しても平凡な出来に思える。第3楽章のロンドは愁いを帯びた主題
は魅力的だが、その先の展開はややもたついている。

　CD は、上記ホグウッド盤のほかに、ハンス・グラーフ指揮、ザ
ルツブルグ・モーツァルテウム管弦楽団盤 (Capriccio) や飯森範親
指揮、山形交響楽団盤 (Octavia Exton) などもあり、個人的には飯
森盤を第一に推したい。なお「YouTube」には「飯森範親の多分よ
くわかるモーツァルト (オーデンセ編)」というレクチャー動画がア
ップされていて、第1楽章と第2楽章が聴ける。[2]

注
(1)「交響曲K.16a」「Wikipedia」[2021年12月22日アクセス]
(2)「飯森範親の多分よくわかるモーツァルト (オーデンセ編)」
　　「YouTube」(https://www.youtube.com/watch?v=2PbWeXPS9MI)
　　[2021年8月19日アクセス]


# 3-5

## 交響曲5

『交響曲ト長調K.deest「新ランバッハ」』

　この曲と、『交響曲 (第7a番) ト長調K.Anh. 221 (K$^3$.45a)「旧ラ
ンバッハ」』との間ほど、その真贋をめぐる評価が二転三転した例
は珍しい。研究者がいろいろ研究して発言しても、突然に自筆譜な
ど決定的な証拠が出現して意外な形で決着することがあるのだ。以
下に『M事典』と「Mozart con grazia」を参考にいきさつをまとめ

てみよう。

　天然痘から奇跡的に回復した11歳のモーツァルトが、ウィーンからリンツ経由でザルツブルクに戻る途中の1769年1月、上部オーストリアのランバッハ村にあるベネディクト派の修道院に立ち寄り、一宿一飯のお礼に父レオポルトとそれぞれ1曲ずつの交響曲を寄贈した。この曲はブライトコップ社に伝わっていた手書きの主題目録に記載があったため存在は知られていたが、長らく所在不明だったため、ケッヒェルによって「K.Anh. 221」の番号が与えられていた。ところが1924年になって修道院の書庫から筆写譜が見つかり、ケッヒェル第3版のカタログを作製したアインシュタインは、寄贈の1年あまり前の1767年秋ごろの作曲と考え、「K.45a」という番号を与えた。これが現在『「旧ランバッハ」交響曲』と呼ばれている曲である。

　1964年、ドイツの音楽学者アンナ・アマーリエ・アーベルト（1906-96）は、この楽章が3つしかない曲が当時のモーツァルトの様式からすると古すぎることに注目し、父レオポルトの作とされてきた4楽章形式の曲が凡庸なレオポルトの作としては上出来すぎるので、こちらの曲こそが真のモーツァルトの作品であり、筆写譜の作成段階で取り違えが起こったのではないかという説を提起した。ザスローらの反論もあったが、この説は広く支持され、結果としてこれまでモーツァルトの作とされてきた『「旧ランバッハ」交響曲』は父レオポルトの作、そして従来は父レオポルトの作として扱われていた曲が、モーツァルトの真作『交響曲ト長調K.deest「新ランバッハ」』になって、以後はこちらが出版、演奏、そして録音されることになったのである。

　しかし1980年にミュンヘンで『「旧ランバッハ」交響曲』の別の筆写譜が見つかり、82年に公開されると事態は一変した。それはレオポルトやナンネルの手による写譜で、「ザルツブルクのヴォルフガンゴ・モーツァルト作曲／於ハーグ1766」とも記されていたのである。この突然の発見によって、やはり『「旧ランバッハ」交

響曲』が真作であり、様式的に不一致なのは作曲時期を誤って考えていたからだったことが判明したのである。再び『「旧ランバッハ」交響曲』が脚光を浴び、折しもCD時代の到来で多くの指揮者がモーツァルトの交響曲全集を録音するようになったが、当然それらには『「旧ランバッハ」交響曲』が収録され、『「新ランバッハ」交響曲』は収録されなかった。

　2つの『「ランバッハ」交響曲』だが、どちらもなかなかにいい曲と思う。学者たちの意見が分かれるの当然かもしれない。1980年7月放送のNHK-FM『名曲のたのしみ』「モーツァルト──その音楽と生涯」第12回を聴くことができたが、番組中であの吉田秀和（1913-2012）が「僕は正直に申し上げて（略）判定する力はございません」と語っていたのがすべてを物語っている。もちろん、当時はまだ『「新ランバッハ」交響曲』が真作とされていたので、それに少なからぬ疑問をもっていた吉田秀和が、ああいった言い方をしたのかもしれないが。個人的には、すべていわれてみれば、の感想にすぎないのだが、『「旧ランバッハ」交響曲』のほうの第1楽章には単なる弦楽器の刻みにでさえ少年モーツァルトの才能のきらめきを感じるし、第2楽章のヴァイオリンの歌ものちの『交響曲第17番（ト長調K.129)』につながる優美なものだ。一方、『「新ランバッハ」交響曲』のほうの第2楽章は少しやぼったい気がする。

　CDはカール・ベーム指揮、ベルリン・フィル盤（DG）やネヴィル・マリナー指揮、アカデミー室内管弦楽団盤（Philips）がある。いささか重厚すぎる前者よりも、こうした初期の曲は後者の手堅く軽快な演奏に強く引かれる。録音された1960年代の終わりから70年代にかけては、こちらが息子ウォルフガングの作と考えられていた。これらの全集には当時は父レオポルトの作と考えられていた『「旧ランバッハ」交響曲』も収録されていて、両方が聴ける貴重な録音である。ケヴィン・マロン指揮、トロント室内管弦楽団盤（Naxos）やマルティン・ジークハルト指揮、リンツ・ブルックナー管弦楽団盤（Arte Nova）のように新しい録音では、もちろん

レオポルトの作品として扱われている。

# 3-6

## 協奏交響曲

『管楽器のための協奏交響曲変ホ
長調K.297b（K$^6$.Anh. C14.01)』

「これがモーツァルトの作品でな
いとしたら、どこの誰がこれほどの
曲をかけるというのだ」
　古くからいろいろ議論が絶えな
かった曲である。カール・ベーム指
揮、ベルリン・フィル盤（DG）の

「管楽器のための協奏交響曲」
マリナー盤

国内盤ライナー・ノート（2007年）で遠藤勝彦が詳細に紹介してい
るので適宜引用し、その他文献も参照しながら、本作『管楽器のた
めの協奏交響曲変ホ長調K.297b（K$^6$.Anh. C14.01)』がたどった数
奇な経緯を要約したい。
「モーツァルトはパリに到着して間もない1778年4月、この街の
音楽シーンの中心的な役割を担っていたコンセール・スピリチュエ
ルの支配人ジョゼフ・ル・グロ（1730-93）から演奏会用の作品の
依頼を受け、「フルート、オーボエ、ファゴットとホルンのため
の」協奏交響曲変ホ長調を作曲する。しかし完成した自筆譜はル・
グロの手に渡ったあと行方不明になってしまい、その作品はついに
演奏されることはなかった。モーツァルトは父に宛てた手紙に、当
時の流行作曲家ジュゼッペ・カンビーニ（1746-1825）による陰謀
が原因ではないかと記している」（ライナー解説）
　この曲はちょうどパリに居合わせたフルート奏者ヨハン・バプテ

スト・ヴェトリンク（1723-97）、オーボエ奏者フリードリヒ・ラム
（1744-1811）、ファゴット奏者ゲオルク・ヴェンツェル・リッター
（1748-1808）、ホルン奏者ジョヴァンニ・プント（1746-1803）のた
めに作曲された。「Mozart con grazia」に、4月5日から20日まで
のわずか2週間あまりで作曲したとある。父宛ての5月1日の手紙
で、曲が完成したものの、写譜に出される段階で、ル・グロが自筆
譜を置きっぱなしにしてあえて演奏会に間に合わせようとしないな
ど、不自然な態度をとっていたことが語られている。

　　ところが協奏交響曲についてもひと悶着がありました。ぼ
くはこれは何か邪魔するものがあるんだと思っています。
（略）ル・グロはそれの写譜に四日の余裕がありました。とこ
ろが、それがいつ見ても同じ場所にあります。おとといにな
って、それが見あたりません。でも楽譜類の間を探してみる
と、それが隠してありました。何気ない顔をして、ル・グロ
に「ところで協奏交響曲は写譜に出しましたか?」と尋ねる
と、「いや、忘れていた」と言います。もちろんぼくはル・グ
ロに、それを写譜することも写譜に出すことも命令するわけ
にいかないので、黙っていました。2日たって、それが演奏さ
れるはずの日にコンセールへ行くと、ラムとプントが顔を真
赤になってぼくのところへやって来て、なぜぼくの協奏交響
曲がやられないのか?ときくのです。――「それは知らない。
そんなこと、初耳です。私は全然知りません」――ラムはカ
ンカンに怒って、音楽室でフランス語でル・グロのことを、
あの人のやり方はきれいじゃない、などと罵っていました。
この事で、いちばんいやな気がしたのは、ル・グロがぼくに
これについてひと言も言わず、ぼくだけが何も知らされなか
ったことです。あの人が、時間が足りなかったとか、なんと
か言って、ひと言あやまってくれたらよかったのに、まった
く何も言わないのです。

同日の父への手紙には、カンビーニ陰謀説の根拠として、以前に聴き覚えがあったカンビーニの四重奏曲の最初の部分をモーツァルトが弾きだし、周囲にいたリッター、ラム、プントが知らないところは自分で作ればいいと煽り立てたため、途中から自分で作曲して演奏しつづけたが、それが本人を前にしてのことだったので、カンビーニは気を悪くしただろうということが書いてある。まるで映画『アマデウス』（監督：ミロス・フォアマン、1985年）の一場面のようなエピソードだが、後年の研究では「カンビーニはモーツァルトを高く評価していて、彼の作品を筆写していることや、本人が明確に否定していることなどからも、演奏不能に陥った一件が彼の妨害である可能性は高くない。当時のパリには多数の有力な音楽家が住んでいて、互いにしのぎを削っていたのであるから、パリの作曲家の誰かがモーツァルトに得意分野での名声を奪われることを恐れて陰謀を企てたというのは可能性が高いと考えてよいだろう[2]」としていて、モーツァルト自身の犯人捜しはどうやら正しい方を向いていなかったようだ。

　いずれにせよ、この曲は一度も演奏されることなく紛失し、「19世紀になってもこの作品は発見されず、1862年出版のケッヒェルの『モーツァルト作品主題目録』初版では、焼失作品とされた」（ライナー解説）のである。同じくこのときにパリで作曲されながら失われた曲に、別項の『大序曲（交響曲）K.Anh. 8（K$^6$.311A）』と『ホルツバウアーの『ミゼレーレ』のための8楽曲 K.Anh. 1（K$^6$.297a）』がある。モーツァルトは1778年10月3日の父への手紙で「ソナタのほかは、出来上がったものを何も持って参りません。──2つの序曲と協奏交響曲は、ル・グロ氏に買い取られたからです。ル・グロ氏は、それを独占しているつもりですが、そうは参りません。ぼくの頭の中にまだ生き生きと入れてありますから、家へ帰ったら、さっそくもう一度書き上げます[3]」と書いてはいるものの、結局これらの曲を再度書き下ろすことはなかったと思われるの

である。

「ところが20世紀初頭にドイツの音楽学者だったオットー・ヤーン（1813-69）の遺品の中から、「オーボエ、クラリネット、ファゴットとホルンのための」協奏交響曲変ホ長調の筆写譜が発見されたのである。ヤーンの伝記『W.A.モーツァルト』の校訂者だったヘルマン・ダイタース（1833-1907）は1904年に改訂出版したその伝記の中で、この筆写譜こそ消失したモーツァルトの協奏交響曲の編曲であるという推論を発表した。この説は広く承認され、1905年のケッヒェル第2版ではこの筆写譜をオリジナルの真正の編曲とみなして「付録」を示す「Anh. 9」の番号を付し、さらに音楽学者のアインシュタインが改訂した1937年の第3版では「K.297b」という番号を与えて目録の「本編」に組み入れた」（ライナー解説）。『M事典』の記述を読むと、どうやら「Anh. 9」の番号は、曲が存在していなかったケッヒェル初版時からすでに付けられていて、編曲譜が発見されたあとになって、ケッヒェル第2版でその番号にこの曲を充当したように解釈でき、遠藤の「ライナー解説」の記述とは微妙に食い違うのだが、それはさておき、当然いくつかの疑問がわいてくる。

　例えば「しかしその後も、この筆写譜は誰がいつ作成したのか、どうしてフルートではなくクラリネットが用いられたのか、なぜすべての楽章が変ホ長調で書かれているのかなど、多くの疑問点について議論が戦わされた」（ライナー解説）とあるが、上記10月3日の手紙にあるように、モーツァルトが書き直したものであるならば、独奏楽器の変更はありえない話ではない。とはいえ、こうしたど真ん中の疑問に加えて、ヤーンがこの曲の楽譜をどういう経路で入手し、なぜ秘蔵していたのかということについても、死人に口なしだがぜひ知りたいものだと思う。

「1964年のケッヒェル第6版では筆写譜やクラリネットの用法を精査し綿密な検証を踏まえたうえで、この筆写譜は消失した自筆譜「K.297B」の編曲ではないという結論を下し、「偽作・疑作」を示

す「Anh. C14.01」という番号を与えた。一方、K.297Bはオリジナルが消息不明なままその存在だけが本編に組み入れられたのである」（ライナー解説）とあるように、現在ではこの曲はモーツァルトの真作の編曲であることは否定されている。つまりケッヘル目録では他人の手による作品だという結論なのだが、「こうした結論に反対して真作説を採る研究者も多く、疑問点も解明されないままである。しかし真偽いずれの側にも決定的な証拠はなく、今後新しい物証でも発見されないかぎり議論に終止符を打つことはできないであろう」（ライナー解説）と解説文を結んでいる。しかし、同時代にこれだけの水準の曲が書けた人物はモーツァルト以外にいないのではないか。音楽学者のフリードリヒ・ブルーメ（1893-1975）の言葉、「しかし作品の由来はなお曖昧であるとはいえ、我々が所有している版の信憑性に対して早まった疑問を投げかけることは、間違っていないだろうか。なぜなら、作品のどの部分にも――編曲版のどの部分にもというわけではないにしても――モーツァルトの手が明瞭に認められるからである」[(4)]はまったく正しいと思う。それにしても別項で紹介しているほかの曲でもそうなのだが、アインシュタインは真作認定が基本的に甘く、その反動で現行のケッヘル第6版は辛めの判断が下されているように思える。後任者は前任者が成し遂げたことを変えたくなるのが世の常だが、そんな空気があることさえつい疑ってしまう。

　この話には続きがある。拙著『クラシックCD異稿・編曲のたのしみ』[(5)]でもふれたのだが、音楽学者ロバート・レヴィン（1947-）による復元版が発表され、ネヴィル・マリナー指揮、アカデミー室内管弦楽団盤（Philips、1983年録音）やマルティン・ハーゼルベック指揮、ウィーン・アカデミー合奏団盤（Novalis、1995年録音）など、それに基づくCDも登場した。単に独奏楽器を変更するだけでなく、他人の手が入っていると考えた管弦楽の部分は改作されている。砂川しげひさ（『なんたってモーツァルト』東京書籍、1989年）のようにこれを罵倒する人もいるが、マリナー盤などオーレル・ニコ

レ（Fl）、ハインツ・ホリガー（Ob）、ヘルマン・バウマン（Hr）、クラウス・トゥーネマン（Fg）と独奏陣も超一流ぞろいなのだし、あまり大きな期待をせずに物は試しぐらいのつもりで聴かれるのもいいと思う。

注
（1）『モーツァルトの手紙──その生涯のロマン』上、柴田治三郎編訳（岩波文庫）、岩波書店、1980年
（2）音楽之友社編『モーツァルトI』（「作曲家別名曲解説ライブラリー」第13巻）、音楽之友社、1993年
（3）前掲『モーツァルトの手紙』
（4）前掲『モーツァルトI』
（5）近藤健児『クラシックCD異稿・編曲のたのしみ』青弓社、2006年

# 3-7

## 管弦楽曲

『大序曲変ロ長調K.311a（K⁶.Anh.C11.05）』

「大序曲」　ウーブドラウ盤

2014年12月13日、ユベール・スダーン指揮、兵庫芸術文化センター管弦楽団は、「モーツァルトの旅」と題したシリーズのコンサートの2回目としてパリを取り上げた。当然、有名な『交響曲第31番ニ長調K.297（300a）「パリ」』をメインに、『フルートとハープのための協奏曲ハ長調K.299』や、『フルート協奏曲第1番ト長調K.313』といった、パリゆかりのおなじみの曲がプログラムを飾った。ところが、である。1曲目はなんと『序曲（第2パリ交響曲）変ロ長調

K.Anh. C11.05（311a）』。かなりモーツァルトの音楽を聴き込んできた人々のなかにも、実演はおろか録音で聴いたことさえない人もいるのではと思われる、超がつくマイナー曲である。ケッヒェル番号をみればわかるように、これは現在では偽作に分類されているため、めったに演奏・録音されないからだ。

いささかややこしいが、『M事典』には『序曲（交響曲）K.Anh. 8（311A）』という曲の項目がある。そこでは、モーツァルトがパリから父親に宛てて送った手紙に、「僕は2つの交響曲（原語は序曲を意味するOuverture、このうち1曲はK.297（300a）の『パリ』交響曲で、残りの1曲がこの曲である）を作り、そのあとのほうの曲は今月8日に上演されて、大いに敬意を表されました」と書いていることを紹介しているが、自筆譜は失われ、出版譜もないため、「現在のところは新たな資料の発見を待つしかない」と紛失曲扱いになっている。そして、「ケッヒェル第6版はK.311a〈Anh. C11.05〉はこの曲とは別の曲と断定」とも書いてある。つまり真作『K.311A（大文字）』は失われ、楽譜が伝わっている『K.311a（小文字）』という曲は偽作ということになるのだ。

CDはフェルナン・ウーブドラウ指揮、フェルナン・ウーブドラウ室内楽団盤（Pathé原盤、グリーンドア復刻）しかないと思われる。これは1956年にモーツァルト生誕200年を記念して企画制作された、フランスPathé社の『パリのモーツァルト』と題された7枚組みLP（高価なレア盤で有名）の抜粋復刻盤。アルバムには珍しい曲がいろいろと入っていたが、そのなかでも筆頭格の珍曲であるこの曲は、アンダンテ・パストラーレの序奏を伴うアレグロ・スピリトーソの表記の序曲で、8分から10分程度の長さである。オーケストラの編成は、『パリ』交響曲と同じで、当時としてはフル編成である。バグパイプを思わせるオーボエを中心とした木管楽器群に誘われるいささか哀愁を帯びた序奏に続き、主部に入ると、「突如ヴェルサイユ宮殿の噴水のごとく突出する」（ウーブドラウ盤ライナー・ノートにある、ウーブドラウ自身のコメント）躍動感あふれる音

楽に引きずり込まれる。トランペットが実に効果的に、祝祭的でゴージャスな響きを作り出している。モーツァルトの真作ではないとされているし、それらしくないところも確かにあるが、これはこれでなかなかの佳作だ。残念ながら録音がさすがによくないので、ぜひどこかで新録音をお願いしたいものである。

　最後はこの言葉で。兵庫芸術文化センター管弦楽団のプログラムの解説文からの引用だが、まったくもって同感なのだ。

「この序曲風のオーケストラ曲は、誰がいつ書いたのだろうか」

# 3-8

## ディヴェルティメント

『管楽器のためのディヴェルティメント第5番変ロ長調K.187（K$^6$.Anh. C17.12）』『同第16番変ホ長調K.289 （K$^6$.271g）』『同変ホ長調K.Anh. 224 （K$^6$.Anh. C17.04）＋K$^6$.Anh. C17.07＋K$^6$.Anh. B to 370a』『同変ホ長調K.Anh. 226（K$^3$.196e ／ K$^6$.Anh. C17.01）』『同変ロ長調

「ディヴェルティメント集」
コンソルティウム・クラシクム盤

K.Anh. 227（K$^3$.196f ／ K$^6$.Anh. C17.02）』『八重奏曲（ディヴェルティメント）ヘ長調K.Anh. 225（K$^6$.Anh. C17.05）』『同変ホ長調 K.Anh. 228（K$^6$.Anh. C17.03）』『パルティータ ヘ長調K$^6$.Anh. C17.08』『六重奏曲変ロ長調K$^6$.Anh. C17.09』『カッサシオン変ホ 長調K$^6$.Anh. C17.11』

　モーツァルトの時代には管楽合奏のための曲は手軽さから人気が高かったので、真作も多数ある一方で、多くの偽作・疑作がケッヒ

ェル・カタログに紛れ込んだようだ。上記10曲のうち、『K.187』だけはフルート2、トランペット5にティンパニという特殊編成の曲（真作と考えられている『第6番ハ長調K.188』と同じ）だが、ほかは比較的オーソドックスな管楽合奏で、『K.289』はオーボエ2、ファゴット2、ホルン2の六重奏、『K.Anh. C17.08』はクラリネット2、ホルン2、ファゴットの五重奏、『$K^6$.Anh. C17.09』はクラリネット2、ホルン2、ファゴット2の六重奏、『$K^6$.Anh. C17.11』はオーボエ、クラリネット、ホルン、ファゴットの四重奏、ほかはオーボエ2、クラリネット2、ファゴット2、ホルン2の八重奏である。

『管楽器のためのディヴェルティメント第5番変ロ長調K.187（$K^6$. Anh. C17.12）』は馬術大会のための曲で、1分程度の短い10の楽章からなる。現在では、父レオポルトがヨセフ・シュタルツァー（1726-87）のバレエ音楽とクリストフ・ヴィリバルト・グルックの歌劇「パリーデとエレーナ」から編曲して仕上げたものとされている。CDはジョン・ウォレス（Tp）、サイモン・ライト指揮、フィルハーモニア管弦楽団盤（Nimbus）がある。

　ザルツブルク大司教の食卓音楽のために作曲された管楽六重奏のためのディヴェルティメントの6曲のうち5曲は紛れもない真作とされているのだが、第6曲と考えられてきた『管楽器のためのディヴェルティメント第16番変ホ長調K.289（$K^6$.271g）』は、作風が異なる点が多いとして、新全集では疑義がある作とされている[1]。第2楽章メヌエットでは、トリオの部分も同じ主調で書かれていて、変化に乏しいという『M事典』の否定的な指摘には首肯させられるが、そのメヌエットにかぎらず第1オーボエの活躍は曲に「イタリアの青空のような明朗さと爽快感」をもたらしていて、真作ではなくてもぜひ聴くべき作品と思う。

　没後200年を記念してPhilipsが出した「モーツァルト大全集」（1991年）にも収録されたのは、上記『K.289』以外だと、『管楽器のためのディヴェルティメント変ホ長調K.Anh. 226（$K^3$.196e／

K$^6$.Anh. C17.01）』と『管楽器のためのディヴェルティメント変ロ長調K.Anh. 227（K$^3$.196f ／ K$^6$.Anh. C17.02）』の2曲だけだった。エド・デ・ワールト指揮、オランダ管楽合奏団による演奏である。そのライナー・ノートにあるロビン・ゴールディングによる解説によれば、ケッヒェルが最初に通番に加えずに付録とした理由は『K.Anh. 226』の第1楽章展開部の和声の扱いや、『K.Anh. 227』の第1楽章にみられる単純な2部形式がモーツァルトとは異なると判断したからだが、アインシュタインはこれらの曲がミュンヘンで、1775年1月の歌劇「偽の女庭師」上演後に作曲されたものと考え、1937年のケッヒェル第3版では『196e』と『196f』の番号を与えたということだ。ちなみにケッヒェル第6版では偽作になっている。どちらもメヌエットが2つある5楽章形式で「Mozart con grazia」によれば、『K.Anh. 226』の終楽章は「ハイドンもときどき使った『狩のフィナーレ』といわれる」そうであり、『K.Anh. 227』の「第2楽章の冒頭主題はミサ・ブレヴィスK.220のベネディクトゥスのと同じ」ということだ。

　それ以外の曲はさらにモーツァルト作とする根拠が乏しいのだろう、一度もまともなケッヒェル番号が与えられたことがない曲もある。これらの曲については、ほかにも録音はあるが、コンソルティウム・クラシクムによる、新旧2種の音盤が比較的入手しやすいし、内容も素晴らしい。どちらもCD7枚だが収録曲は異なる。旧はEMI, Warner盤。1973-85年録音で真作と偽作による管楽合奏曲を集めている。新はMD+G盤。1994-2001年の録音で、真作は省き、偽作・疑作・それに多種多様な編曲を集成している。[2]注目すべきこととしては、ディヴェルティメントはメヌエットが2つの5楽章ないし6楽章が通例だが、一部の曲は楽章が不足しているため、別の曲とつなぎ合わせて演奏していることがあげられる。例えば、『管楽器のためのディヴェルティメント変ホ長調K.Anh. 224（K$^6$.Anh. C17.04）+K$^6$.Anh. C17.07+K$^6$.Anh. B to 370a』は第1楽章のアダージョ―アレグロが『K$^6$.Anh. C17.07』、第2楽章から第5楽

章は『K.Anh. 224 ＝ K⁶.Anh. C17.04』（それぞれ第2、1、4、3楽章）、さらに第6楽章のロンドは『K⁶.Anh. B to 370a』（プラハ大学図書館所蔵の楽譜）が合体しているのだ。この演奏形式がどの程度確たる根拠に基づくのかについてだが、ライナー・ノートをみるかぎり、例えばこの形による手稿譜があるとか、当時この形で演奏された記録があるとかではないようだ。ただ、ケッヒェル番号は分かれているとはいえ、以前から『K.Anh. 224（C17.04）』と『C17.07』はひとまとめの曲として扱われていたらしい。そして終楽章を欠いていたので『セレナード第10番変ロ長調「グラン・パルティータ」K.361（370a）』の終楽章の8管への編曲譜を充当したのは、演奏者代表のデイーター・クレッカー（Cl）によるアレンジのようだ。なお「Mozart con grazia」によれば、『六重奏曲変ロ長調K⁶.Anh. C17.09』はヨーゼフ・ハイドンの作、『カッサシオン変ホ長調K⁶.Anh. C17.11』はヨハン・ゲオルク・リックル（1769-1843）の作とされているということである。

注
（1）『ディヴェルティメント第8番ヘ長調K.213』『ディヴェルティメント第9番変ロ長調K.240』『ディヴェルティメント第12番変ホ長調K.252（K⁶.240a）』『ディヴェルティメント第13番ヘ長調K.253』『ディヴェルティメント第14番変ロ長調K.270』の5曲である。
（2）『K.Anh. 226』『K.Anh. 227』『K⁶.Anh. C17.08』　と『K⁶.Anh. C17.11』の4曲は旧盤にはあるが新盤にはない。


# 3-9

## ヴァイオリン協奏曲 1

『ヴァイオリン協奏曲第6番変ホ長調K.268（K³.365b ／ K⁶.Anh. C14.04）』『ヴァイオリン協奏曲第7番ニ長調K³.271a（K⁶.271i）』

巷で何十種類も売られているモーツァルトのヴァイオリン協奏曲全集は、ほとんどが真作の『ヴァイオリン協奏曲第1番変ロ長調K.207』から『ヴァイオリン協奏曲第5番イ長調K.219「トルコ風」』までの全5曲だけを収録。第6番と第7番なんて、あったことさえ知らなかった読者もいるかもしれない。

「ヴァイオリン協奏曲第6-7番」
スーク盤

以下、海老沢敏によるスーク（Vn）盤の解説を参考に、2曲の紹介を簡単にしたい。『ヴァイオリン協奏曲第6番変ホ長調K.268（K³.365b ／ K⁶.Anh. C14.04）』は自筆稿がなく、作曲年代や成立事情に関する情報もなく、スタイルや楽器編成もほかの曲とは違っている。そのため、かつては海老沢敏自身が「この曲が、モーツァルトの真作であることには、全然問題がない」[1]と書いていたりもしたのだが、現在ではこの曲は偽作とみなされ、おそらくヨハン・フリードリヒ・エック（1767-1838）の作品と考えられている。ただモーツァルトと無関係な曲ではないとする説もあり、1785-86年にウィーンでモーツァルトが弾き聴かせた未完成のこの曲を、エックがオーケストレーションなどを施して完成させたという、フランスの研究家ドゥ・サン゠フォアによる学説も、海老沢はあわせて紹介している。また「Mozart con grazia」では、アインシュタインがケッヒェル第3版を刊行するにあたり、モーツァルトから「せいぜい第1楽章の草稿と、多分ロンドのはじめの数小節」を提供されたエックが「拙劣な偽造」の中間楽章を加えるなどして完成させたと考えていたことを紹介している。[2]

『ヴァイオリン協奏曲第7番ニ長調K³.271a（K⁶.271i）』についてもやはり自筆稿は失われている。海老沢は、1777年7月にザルツブルクでモーツァルトが作曲した曲とみなされているが、当時のモー

ツァルトのスタイルとは異なる書法（例えば独奏ヴァイオリンのハイ・ポジションや重音奏法など19世紀の名人芸的なパッセージ）や楽曲構成（第1楽章再現部での第1主題の短縮など）があることから、スコアとパート譜が写譜された19世紀前半に何者かの補筆あるいは改作が入っている可能性が高い疑作と考えられている、としている。

「モーツァルトのヴァイオリン協奏曲の創作活動が、このように不分明なかたちで終わっていることは、いささか惜しまれてよいだろう」という海老沢の言葉には、一愛好家としてまったく首肯させられる。

　完全な真作ではなくても魅力的な作品であるため録音は多い。往年の名演ということだと、第6番には1925年録音のジャック・ティボー（Vn）、マルコム・サージェント指揮、管弦楽団盤（EMI）や、54年録音のクリスチャン・フェラス（Vn）、カール・ミュンヒンガー指揮、シュトゥットガルト室内管弦楽団盤（DG）があり、第7番には55年録音のアルトゥール・グリュミオー（Vn）、ベルンハルト・パウムガルトナー指揮、ウィーン交響楽団盤（Philips）がある。いずれも当然SP復刻ないしMONOながら音質も悪くなく、オールド・スタイルで甘美なモーツァルト体験に浸れる。第7番ならば、この曲を好んだというヘンリック・シェリング（Vn）、アレグザンダー・ギブソン指揮、ニュー・フィルハーモニア管弦楽団盤（Philips）は70年の録音。さすがに巨匠風の堂々たる演奏で、ぜひリマスターされた盤で聴くことをお勧めしたい。

　以下は2曲とも録音しているCDから紹介するが、まず推したいのが、ユーディ・メニューイン（Vn）、バース音楽祭管弦楽団盤（EMI, Warner）。1960年代から70年代にかけての録音で、別項紹介の『「アデライデ」協奏曲』さえも含んだ全集である。かつて神童とうたわれたメニューインが最後にたどり着いた平穏で至福の境地を思わせる。モーツァルトの協奏曲では自身初めての試みと思われる弾き振りも成功しているようだ。ヨゼフ・スーク（Vn）、プラハ

室内管弦楽団盤（Denon）は72-73年の録音で、やはりスークが指揮も兼ねていて、室内楽的でコンパクトな演奏が好ましい。79-80年録音の藤川真弓（Vn）、ヴァルター・ヴェラー指揮、ロイヤル・フィル盤（Decca）は、Philipsのモーツァルト大全集にも納められたし、この2曲だけを収めた1枚物の国内盤廉価CDでも売られていたので、見かけた人も多いかもしれない。演奏は好みの問題もあるが、ややおとなしい印象だ。比較的新しいところでは、86年録音のジャン＝ジャック・カントロフ（Vn）、レオポルト・ハーガー指揮、オランダ室内管弦楽団盤（Denon）もある。

注
（1）音楽之友社編『最新名曲解説全集9 協奏曲Ⅱ』音楽之友社、1980年
（2）アルフレート・アインシュタイン『モーツァルト──その人間と作品』浅井真男訳、白水社、1961年

# 3-10

## ヴァイオリン協奏曲2

『ヴァイオリン協奏曲ニ長調K3.Anh. 294a（K6.Anh. C14.05）「アデライデ」』

「ヴァイオリン協奏曲「アデライデ」」メニューイン盤

　このマリウス・カサドシュによる有名な20世紀の贋作『ヴァイオリン協奏曲ニ長調K3.Anh. 294a（K6.Anh. C14.05）「アデライデ」』については、日本語版「Wikipedia」（ほぼ英語版と同内容。こちらでは「アデライード」協奏曲と表記）に非常

に詳しい記述があり、これ以上加えることはほとんどない[1]。以下長くなるが引用する。

1933年に初めてピアノ・スコアで出版された時、「校訂者」のカサドシュは、10歳のモーツァルト少年による自筆譜からこの出版譜を編集したことや、譜面にはルイ15世の長女アデライード王女への献辞があることを報告した。

この真偽の疑わしい草稿は虫のいいことに、アルフレート・アインシュタインやフリードリヒ・ブルーメ（1893-1975）といった音楽学者に決して閲覧することが許されず、ブルーメはカサドシュから、「自筆譜は2段の譜表によっており、そのうち上段は独奏パート（に加えてトゥッティ）が、下段はバスが記入されている」との説明を受けている。

カサドシュは、ペテンにかかった相手を確実におちょくることになるというのに、ブルーメによると「上段はニ長調で、下段はホ長調で記譜されている」とも報告したという。（原則としてヴァイオリンは移調楽器ではないので、スコルダトゥーラを行う場合でないかぎり、上下の五線を異なる調性で記入する必要はない[2]）。

来歴がないにもかかわらず、ブルーメはまんまとこの協奏曲に騙されてしまった。しかしアインシュタインは疑念を呈し、「"クライスラー風の"煙幕を張られた作品」と呼んだ。

その他の多くの研究者も、同様の疑問を表明したが、ようやく1977年になって、カサドシュが著作権論争の最中に、この怪しい「モーツァルト作品」が真作ではなく、自分の贋作であることを認めた。

この曲をこよなく愛したユーディ・メニューイン（Vn）による2種の録音が素晴らしい。全集の補完として1970年代半ばに録音されたメニューイン音楽祭管弦楽団を弾き振りした盤（EMI,

Warner）は、壮年期の円熟した演奏。第2楽章の甘美なヴァイオリンの歌を聴けば、贋作であることなど一切忘れて、良質な音楽を聴く至福の時間に浸れる。第1楽章と第3楽章のカデンツァを書いているのが、あのパウル・ヒンデミットというのも何げなくすごい。また、若き日にピエール・モントゥー指揮、パリ管弦楽団と共演した録音もあり（EMI）、34年の録音なので音質はさすがに厳しいものがあるが、すでに神童メニューインの演奏は堂々たるもので、演奏そのものの緊迫感はむしろ新盤をしのいでいる。罪は欺こうとした人にあり、音楽そのものに帰すべきではない。メニューインのこれらの録音が残されたことで、モーツァルトの真作ではないばかりか、そのスタイルに似せて後世に作られた贋作という日陰者の曲の、聴き逃すべきではない美しさを我々は将来の世代にまで伝えることができる。なお、未聴だがヴァネッサ・メイ（Vn）、アンソニー・アングル指揮、ロンドン・モーツァルト・プレイヤーズ盤（Trittico）もあり、初出盤はモーツァルト作曲とあるが、再発盤では正しく、『カサドシュ作曲モーツァルトのスタイルによるヴァイオリン協奏曲「アデライデ」』と表記してある。今後はこの曲のよさに魅かれてレパートリーに加えた演奏家によって、このような形で伝えられていくのだろう。

　注
（1）「アデライード協奏曲」「Wikipedia」［2021年8月25日アクセス］。本文との統一のため一部の記述を改めた。偽作という言葉をあえて使わず、贋作という異なる表記を使うのは、大多数の偽作はモーツァルト時代の他人の曲がモーツァルト作として通用してきたものを指し、作品そのものは真面目な意図で作曲されたのに対して、「アデライデ」はちょうど「永仁の壺」のように、世間をだます目的で後世に作られた、よこしまな意図の産物だからである。なお「Wikipedia」が「アデライード」と表記しているのは、フランス王妃の名前であることからフランス語読みを採用しているためだろう。本章では、井上和男編著『クラシック音楽作品名辞典』（三省堂、1981年）でも使っているように、広く定着していると思われ

る「アデライデ」表記を採用した。

（2）ブログ「晴天な」の2017年10月21日記事「偽作曲（シリーズ4回目）：モーツァルト」（〔https://akof.hatenablog.com/entry/2017/10/21/185949〕〔2021年8月25日アクセス〕）によれば、「アデライード王女が用いる女性用の小さなバイオリンは「高く調律した方がよく鳴る」ことから、独奏パートは移調楽器扱いされてニ長調で書かれ、下段はホ長調で記譜されているという、マニアックな説明までなされた」「その一方で、発見された自筆は誰にも決して閲覧させず、カサドシュはそれを「編曲して」出版した」とあり、なぜ上下の段が異なる調性で書いてあるのかの説明が参考になった。


# 3-11

## ファゴット協奏曲

『ファゴット協奏曲変ロ長調 K.Anh. 99（K$^6$.Anh. C14.03）』

「ファゴット協奏曲」 オンニュ盤

　全体がとにかくマニアックな『名盤大全』のなかでも、安田和信のコラム「はみ出しガイド」はとりわけマイナー情報の宝庫だ。そこで紹介されているのをみるまで、恥ずかしながらこの曲について寡聞にも知らなかった。

　1934年にマックス・ザイフェルト（1868-1948）によってモーツァルト作として楽譜が出版されたこの『ファゴット協奏曲変ロ長調 K.Anh. 99（K$^6$.Anh. C14.03）』について、『名盤大全』では「フランソワ・ドゥヴィエンヌ（1759-1803）作である公算が大きく、ディスク上でも『モーツァルト作』と堂々と謳ったものは絶滅している」と書いてある。ドゥヴィエンヌはフルート協奏曲など管楽器作品で知られ、「フランスのモーツァルト」ともいわれるほどの人物

だが、この曲の作曲者をドゥヴィエンヌとする説は、1957年にエルンスト・ヘス（1912-68）によって提唱されて以後徐々に浸透していったため、逆にいえばそれ以前ならばモーツァルト作と表記した録音が発売されていたことになる。調べてみると、ポール・オンニュ（Fg）、カール・リステンパルト指揮、ザールラント州立劇場室内管弦楽団盤（Les Discophiles Français）が見つかった。これは1959年のMONO録音でCD発売されたことはないようで、「Amazon」や「iTunes」でダウンロードすれば聴ける。新しい録音では安田も紹介している、エッカルト・ヒューブナー（Fg）、ボーダン・ワルチャル指揮、スロヴァキア室内管弦楽団盤（cpo）がある。これはドゥヴィエンヌのファゴット協奏曲を4曲集めた貴重な録音で、完全な楽譜が残っていないので演奏不可能な第3番を除いたドゥヴィエンヌの第1、2、4番の協奏曲に続けて、最後にこの曲が（ドゥヴィエンヌの曲として、ただし「モーツァルト?」と付け加えて）収録してある。

　素人が聴いたかぎりでは優美な作風ながら、第1楽章冒頭主題が独奏楽器で再現されずにまったく違う楽想に変えられているなど、モーツァルトらしくない印象が強い。ちなみに、ザイフェルトが出版に用いた他人による筆写譜はビュッケブルク図書館にあったものだが、第2次世界大戦で焼失してしまっている。

　実は安田が同じ箇所で「何と現行のケッヒェル目録で本編に入っている」と驚きに満ちて書いている、もう1つの偽作とされる『ファゴット協奏曲ヘ長調 K.Anh. 230（196d）』もあるのだが、これはフランツ・ダンツィ（1763-1826）の作と推測されている。『M事典』によれば、「この曲は従来、ブライトコップ・ウント・ヘルテル社の手書譜目録で、モーツァルトの作品としてその冒頭だけが知られていた。しかし新全集の校訂者フランツ・ギーグリング（1921-2007）は西ベルリン国立図書館（プロイセン文化財）にこの曲のパート譜があり、そこにはDzyと記されていて、それがダンツィDanziの作品であることを意味しているとし、さらに様式的にもこ

の曲はモーツァルトの作品ではないと考えられるとしている」とある。同じく『M事典』には、楽器編成が独奏楽器以外不明と書いてあるので、おそらく研究者といえどもスコアを簡単に見ることができない状態で、したがって演奏もできないのだろう。いままでのところこの曲の録音はないようである。


# 3-12

## 弦楽五重奏曲

『弦楽五重奏曲変ロ長調K.46』

　モーツァルトの弦楽五重奏曲は全部で6曲。『弦楽五重奏曲第1番変ロ長調K.174』よりも若いケッヒェル番号が付いたこの『弦楽五重奏曲変ロ長調K.46』は、さしずめゼロ番ということだろうか。しかし実はこの曲は『セレナード第10番変ロ長調「グラン・パルティータ」K.361（K$^6$.370a）』の第1、2、3、7楽章を編曲したものだから、原曲作曲年が1781年から84年と推定されるので、だいたい68年ごろの作品に当てられている「K.46」という番号は明らかにおかしい。

　それ以外にも何だかわからないことだらけなのだが、そもそも、この曲にケッヒェルが番号を与えているということは、モーツァルト自身の編曲と考えられていたということだろう[1]。そして、現在ではそれが否定されて、他人の手による編曲ということになるのだろうか。それならば本来は拙著『クラシックCD異稿・編曲のたのしみ』[2]で取り上げてしかるべき曲だったということになるが、偽作（他人による編曲）と断定されたいきさつが、いくら調べても出てこないのだ。

　同書でも書いたが、「グラン・パルティータ」は屈指の名曲のた

め、同時代のものも含め多種多様な編曲が存在し、CD化されている。そのなかにあって正直この編曲は特に優れているわけではないと思うが、第3楽章のアダージョに限っては原曲がいいこともあり、弦5部の対話が大変精妙で非常に美しく、このまま忘れられるのは残念でならない。CDは知るかぎり、バリリ四重奏団ほか盤（Westminster原盤、Scribendum復刻）とパスカル四重奏団ほか盤（Concert Hall原盤、Ars Nova復刻）による1950年代の録音しかなく、できれば第3楽章だけでもいいので、新しい録音で聴きたいものだ。

注
（1）1782年に管楽八重奏のために書かれた『セレナード第12番ハ短調K.388（K$^6$.384a）「ナハトムジーク」』を87年に編曲した、『弦楽五重奏曲第2番ハ短調K.406（K$^6$.516b）』にもケッヒェル番号が与えられているように、モーツァルト自身の編曲ならば別の番号を付けるのがケッヒェル・カタログのルールと思われる。
（2）前掲『クラシックCD異稿・編曲のたのしみ』

# 3-13

## 弦楽四重奏曲

『弦楽四重奏曲（ミラノ四重奏曲）』『第1番イ長調K.Anh. 212（K$^6$.Anh. C20.03）』『第2番変ロ長調K.Anh. 210（K$^6$.Anh. C20.01）』『第3番ハ長調K.Anh. 211（K$^6$.Anh. C20.02）、第4番変ホ長調K.Anh. 213（K$^6$. Anh. C20.04）』

「ミラノ四重奏曲集」
ザルツブルグ・モーツァルテウムQ盤

この曲の本当の作曲者は、ヨーゼフ・シュースター（1748-
1812）である。筆者は不勉強にも知らない作曲家だったが、日本語
版の「Wikipedia」にはちゃんと以下の記述がある。少し長いが引
用したい。

　〔ヨーゼフ・シュースターは〕ドレスデンの宮廷楽士だった父ヨ
ハン・ゲオルク・シューラー〔1720-86〕より最初の音楽教育
を受ける。ザクセン選帝侯より学資金を下賜され、1765年か
ら1768年までイタリアで対位法を学んだ。1776年に、メタス
タジオの台本による処女作のオペラ・セリア「見棄てられた
ディドー（Didone abbandonata）」がナポリのサン・カルロ劇場
で上演されて成功を収める。同年もう1つのオペラ・セリア
「デモフォーンテ（Demofoonte）」がフォリーで初演を迎え
る。翌1777年、ナポリやヴェネツィアでのオペラの成功によ
って地歩を固め、ドイツで作曲家として名を馳せた。
　作品のほとんどはオペラ・ブッファに分類されるが、教会
音楽や管弦楽曲、室内楽曲も作曲している。シュースターの
弦楽四重奏曲には、長らくモーツァルトの作品として広く流
布したものがあり、当初はK.210以降のケッヒェル番号さえ与
えられていた。シュースターはこれらを1780年ごろに作曲し
たのだが、モーツァルトの原本からの断片と看做されたのだ
った。真実の出所を明るみに出したのは、音楽学者のルート
ヴィヒ・フィンシャー（1930-2020）だった（1966年、『音楽研
究（Die Musikforschung）』誌上にて）[1]

　1780年にパドヴァで出版されたシュースターの6曲の弦楽四重
奏曲集から4曲を抜き出して、72、73年ごろにミラノでモーツァ
ルトが作曲した作品と偽って（好意的にみれば誤認して）、1937年に
マインツで出版したのが問題の発端である。真筆のミラノ四重奏曲
である第2番から第7番の『弦楽四重奏曲K.155-160』が書かれた

のもこの時期であり、様式的に近い作品ということで偽装が計画されたのだろうか。いずれにせよ30年近くもの間モーツァルトの初期作品と信じられていたことになるが、それはシュースターの作品もなかなかの水準にあることの証しでもある。「Mozart con grazia」によると、シュースターは「1774年から77年のイタリア旅行でマルティーニ神父に学んだことがあるという」とある。また「室内楽 珍曲・秘曲の聴譜奏ノート」の「贋作の汚名 シュースター：弦楽四重奏曲第5番変ホ長調（K.Anh. 213）」には、「17歳の時3年間イタリアへ遊学し、明快で旋律的なスタイルを身につけた[2]」とある。ドイツ出身ながらもイタリア風の軽快な作風の背景はこの経歴で理解できた。

　ここでの全4曲の番号については、ザルツブルグ・モーツァルテウム四重奏団盤の表記に従った。それぞれシュースターの全6曲の弦楽四重奏曲集では、『弦楽四重奏曲（ミラノ四重奏曲）第1番イ長調K.Anh. 212（K⁶.Anh. C20.03）』が第4番、『弦楽四重奏曲（ミラノ四重奏曲）第2番変ロ長調K.Anh. 210（K⁶.Anh. C20.01）』が第2番、『弦楽四重奏曲（ミラノ四重奏曲）第3番ハ長調K.Anh. 211（K⁶. Anh. C20.02）』が第1番、『弦楽四重奏曲（ミラノ四重奏曲）第4番変ホ長調K.Anh. 213（K⁶.Anh. C20.04）』が第5番にあたる。いずれも10分足らずの短いもので、イ長調の曲だけは第2楽章に変奏曲が置かれた2楽章形式、ほかは3楽章形式である。最もモーツァルトに酷似している印象を受けたのは、『K.Anh. 211』の曲で、ハ長調という調性もあって実に爽快である。『K.Anh. 213』の曲については、上記ブログ「聴譜奏ノート」で「最良」と判断して実演したことを紹介していて、各楽章の譜面も引用されて詳細なコメントを付している。第1楽章が緩徐楽章で、のどかな平和そのもののヴァイオリンの歌に、「天候が急変するような錯乱のパッセージ」を含む中間部が挟まった3部形式。メヌエットに続く終楽章はゴシゴシと急速なパッセージを弾かされる「ヴィオラの活躍が目覚まし」いところがユニークである。

全曲のCDは知るかぎり2種ある。1つはザルツブルグ・モーツァルテウム四重奏団盤（PMG）で、ちゃちなライナー・ノートが入っているCD初期のかなり怪しい音盤（ひょっとすると駅売りCDかもしれない）。ちなみにこのディスクではモーツァルト作とされていて、偽作ともシュースター作とも書かれていない。ハイドン四重奏曲の2曲の余白に2曲ずつ収められているため2枚にまたがっているのが難点だが、丁寧な演奏は存外悪くない。もう1つはヨーゼフ・ヨアヒム四重奏団盤（Pan Classics）で、こちらはシュースターの6曲が収録され、そのうち4曲にモーツァルトの作品とされてきたと断り書きが加えてある。録音はもちろんこちらのほうがいい。『K.Anh. 212』だけなら、パスカル四重奏団盤（Pathé、グリーン・ドア復刻）もある。

注
（1）「ヨーゼフ・シュースター（作曲家）」「Wikipedia」［2021年8月18日アクセス］。なお、本文との統一のため一部の記述を改めた。
（2）「贋作の汚名 シュースター―― 弦楽四重奏曲 第5番 変ホ長調（K.Anh. 213）」「室内楽の聴譜奏ノート」（https://ameblo.jp/humas8893/entry-12618085786.html）［2021年8月18日アクセス］

# 3-14

## 弦楽三重奏曲

『バッハの作品による6つの3声の前奏曲とフーガK$^6$.404a』

1782年の春、モーツァルトが日曜日ごとにバロック音楽愛好家スヴィーテン男爵邸を訪れていた際に、ヨハン・セヴァスティアン・バッハ、カール・フィリップ・エマニュエル・バッハ、およびヴィルヘルム・フリーデマン・バッハのフーガを「自分用のコレク

ション」（1782年4月10日父宛ての手紙）として、弦楽三重奏に編曲した作品と考えられてきたが、現在では偽作説が有力になり、新全集からは外されている。

　以下に示すように、『バッハの作品による6つの3声の前奏曲とフーガK⁶.404a』のフーガはすべてバッハの作品の編曲であり（第6曲だけヴィルヘルム・フリーデマン）、その前に付けられた前奏曲は、バッハ作品を模したオリジナル曲か、バッハ作品の編曲である。

第1曲ニ短調：前奏曲（アダージョ、オリジナル）、フーガ（『J・S・バッハ：「平均律クラヴィーア曲集」第1巻第8番BWV 853』）

第2曲ト短調：前奏曲（アダージョ、オリジナル）、フーガ（『J・S・バッハ：「平均律クラヴィーア曲集」第2巻第14番BWV 883』）

第3曲ヘ長調：前奏曲（アダージョ、オリジナル）、フーガ（『J・S・バッハ：「平均律クラヴィーア曲集」第2巻第13番BWV 882』）

第4曲ヘ長調：前奏曲（アダージョ・エ・ドルチェ、『J・S・バッハ：オルガン・ソナタ第3番ニ短調BWV 527』第2楽章）、フーガ（『J・S・バッハ：「フーガの技法」BWV 1080第8番』）

第5番変ホ長調：前奏曲（ラルゴ、『J・S・バッハ：オルガン・ソナタ第2番ハ短調BWV 526』第2楽章）、フーガ（『J・S・バッハ：オルガン・ソナタ第2番ハ短調BWV 526』第3楽章）

第6番ヘ短調：前奏曲（アダージョ、オリジナル）、フーガ（『W・フリーデマン・バッハ：フーガ第8番』）


　男爵邸での演奏がおもに弦楽三重奏だった事実と合致することもあり、真作（といってもモーツァルト「作」なのは第1、2、3、6番の前奏曲だけだが）と考えられてきたこれらの曲が偽作になった理由についてはよくわからないが、多くの部分がバッハ原曲ということもあり、曲としての魅力に欠くところはない。現在でも新録音が出続け、カタログから消えることがない作品になっているゆえんである。そんななかにあって、1951年録音の古いパスキエ弦楽三重

奏団盤（Haydn Society原盤、Ars Nova復刻）は格調高くやはり別格である。第1、2、3、6番だけの録音なのがいかにも惜しい。全6曲収録の新しいところでは、リアナ・モスカ（Vn）、ジャンニ・デ・ローザ（Va）、マルチェロ・スカンデッリ（Vc）盤（Stradivarius）や、ジャック・ティボー三重奏団盤（Audite）がある。

　なお、『バッハの作品による5つの4声のフーガ K.405』という曲もあり、こちらのほうは、すべてバッハの『平均律クラヴィーア曲集』第2巻を弦楽四重奏用に編曲したものだが、こちらはモーツァルト自身による編曲とされている。


# 3-15

## ヴァイオリン・ソナタ

『ヴァイオリン・ソナタ第17番ヘ長調 K.55（K$^3$.209c K$^6$.Anh. C23.01）』『第18番ハ長調 K.56（K$^3$.209d、K$^6$.Anh. C23.02）』『第19番ヘ長調 K.57（K$^3$.209e、K$^6$.Anh. C23.03）』『第20番変ホ長調 K.58（K$^3$.209f、K$^6$.Anh. C23.04）』『第21番ハ短調 K.59（K$^3$.209g、K$^6$.Anh. C23.05）』『第22番ホ短調 K.60（K$^3$.209h、K$^6$.Anh. C23.06）』

「ヴァイオリン・ソナタ第17-21番」
ボスコフスキー／クラウス盤

　これら6曲のソナタは「ロマンティック・ソナタ」と名付けられている。「Mozart con grazia」によれば、モーツァルトの死後の1799年、妻コンスタンツェ・モーツァルト（1762-1842）がブライトコップ＝ヘルテル社に楽譜を売り渡したとされるが、のちにコン

スタンツェ自身が真作ではないと明言したということだ。ケッヒェル第6版では偽作とされているが、誰の作品かは不明なままである。

　曲はいずれも3楽章形式で、『ヴァイオリン・ソナタ第19番ヘ長調K.57（K$^3$.209e、K$^6$.Anh. C23.03）』以下の4曲はいずれも緩徐楽章から開始し、第2楽章にメヌエットが置かれている（つまり通常の意味での第1楽章を欠いている）。また、『ヴァイオリン・ソナタ第21番ハ短調K.59（K$^3$.209g、K$^6$.Anh. C23.05）』と『ヴァイオリン・ソナタ第22番ホ短調K.60（K$^3$.209h、K$^6$.Anh. C23.06）』と、曲集に2曲も短調作品が入っている。こうした形式的な異例さに加えて、19世紀の作品を思わせるほどにロマンチックな色彩が強い音楽内容は当時のモーツァルトとは確かに考えづらい。

　疑作としてあまり積極的に録音する演奏家がいなかったこの曲集を、モーツァルトのソナタ全集に加えて録音した数少ない例として、ウィリー・ボスコフスキー（Vn）、リリー・クラウス（Pf）盤（EMI）があるのはありがたい。1954-57年MONO録音のそのCDの解説には（2008年リリースの国内盤だが、解説は初出のものを転載している可能性もある）、「真作かどうか疑われている」と断りながらも、「1772年11月から73年3月の間、ミラノで書かれたもの」とも書いてある。また1777年10月6日のミュンヘンから父に宛てた手紙に、「姉さんにシュスターのヴァイオリン・ソナタを6曲送ります。僕は当地でたびたび演奏しましたが、悪くありません」とあることから、シュスターの作品ではないかという推定があることも紹介している。

　ボスコフスキーのヴァイオリンは、当時の奏法にならい、クラウスのピアノの補佐に徹している。「ボスコフスキーの甘さを含んだ美音を生かした暖かい語り口は、人間味はもちろん、作品に対する愛情に満ち溢れている」（CDの帯）と書いてあるとおりの、いまでは絶対に聴けない往年の柔らかな響きに癒される。珍しい曲が入っていることでさらに付加価値が増しているが、何よりもこれがいま

もってモーツァルトのヴァイオリン・ソナタ全集の金字塔なのである。

　なお、モーツァルトのヴァイオリン・ソナタにはもう1曲『ヴァイオリン・ソナタ第23番イ長調K.61（K³.290a、K⁶.Anh. C23.07）』という偽作があるが、これは前掲『クラシック音楽作品名辞典』によれば、ハーマン・フリードリヒ・ラウパッハ（1728-78）の作品を少年モーツァルトが筆写したものということである（それだとK.Anh. 番号はCではなくてAなのではと思うが）。録音は見当たらない。

# 3-16

## ピアノ曲 1

『ピアノ・ソナタ第19番ヘ長調K.Anh. 135+K.54＝K².138a（K³.547a／K⁶.547a+b）』

　非常に複雑怪奇なケッヒェル番号が付いているように、『ピアノ・ソナタ第19番ヘ長調K.Anh. 135 + K. 54＝K².138a（K³.547a／K⁶.547a+b）』はそもそも別個に存在していた2曲を接合して1曲のピアノ・ソナタに仕立て上げたものである。それだけなら、『ピアノ・ソナタ第18番（新全集では第15番）ヘ長調K.533+K.499』にも例があるが、『第18番』がもともと別々に作曲された楽章をモーツァルト自身が1つにまとめたものであるのに対し、『第19番』はモーツァルトのほかの作品を別人が編曲したもので、オリジナルではない。さらに、全3楽章のうち、前半の2つの楽章と、第3楽章とは、そもそも別々に出版されていたのである。

　第1楽章は『ヴァイオリン・ソナタ第43番ヘ長調K.547』の第2楽章をピアノ独奏に編曲したもの、第2楽章は『ピアノ・ソナタ第

15番ハ長調K.545』の第3楽章をハ長調からニ長調に移調したものである。ケッヒェル初版はこの2つの楽章からなる作品に対して、「K.Anh. 135」の番号を与えた。一方で、第3楽章は同じく『ヴァイオリン・ソナタ第43番ヘ長調K.547』の第3楽章のピアノ・パートと同じものだが、この曲はケッヒェル初版では『アレグレットの主題による6つのピアノ変奏曲』K.54』とされた。「Mozart con grazia」に詳しく書いてあるが、「第4変奏をカットしてピアノ・ソナタ（主題と5つの変奏曲）に改編した」「ウィーンのホフマイスターから1788年に出版されたが、その後1795年にアルタリアから出版されたときに、誰かが第4変奏を追加して元の6つの変奏曲にした」というのだから、何とも怪しげな出自である。さすがにこちらの曲も第2版では「$K^2$.Anh. 138a」と付録扱いになった。

　この別々の存在だった曲を1937年にケッヒェル第3版を編んだアインシュタインが1つにまとめ、3楽章からなる「$K^3$.547a」とし、1788年6月以降にウィーンで作曲されたとしたのである。曲の新しい魅力を引き出すとか（例えば『弦楽五重奏曲第2番ハ短調K.406』）、注文に応じるために必要に迫られたとか（例えば『フルート協奏曲第2番ニ長調K.314』）ではないのに、自作に相当いいかげんな編曲を施して、それを継ぎはぎして1曲仕立てることをモーツァルト自身がしたと判断した根拠について知りたいものである。

　最新のケッヒェル第6版では再び2つの曲に分割されているが、『$K^6$.547a』（第1楽章と第2楽章）と『$K^6$.547b』（第3楽章）という番号は本編のもので付録扱いではなく、偽作・疑作扱いでもないのが意外だ。それならばソナタ全集に含めて、ピアニストが競って録音してもおかしくないが、実際には最近の録音は少ない。「K.547a」だけだが、1990年代の録音で園田高広盤（ハイブライト）があるぐらいかと思う。50年代のMONOと古い録音ならばヴァルター・ギーゼキング盤（EMI、Profil復刻）が全曲を録音している。ただし『K.547a』と『K.54（547b）』とは別々の曲として録音していて、続けて再生することは想定されていない。

# 3-17

## ピアノ曲 2

『ソナタ楽章とメヌエット変ロ長調 K.Anh. 136（K³.498a 、K⁶.Anh. C25.04／05)』

『サルティの歌劇「2人が争えば、3人目が得をする」のミニョンのアリア「仔羊のように」の主題による8つの変奏曲イ長調K.460（K⁶.454a)』『ピアノ・ソナタ（第20番）ハ短調K.deest』

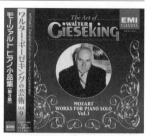

「ソナタ楽章とメヌエット」
ギーゼキング盤

『ソナタ楽章とメヌエット変ロ長調 K.Anh. 136（K³.498a 、K⁶.Anh. C25.04／05)』はモーツァルトによるものとして、1798年にライプツィヒのトヌス社から「4楽章」の作品として出版された。第1楽章と第3楽章それぞれ上記ソナタ楽章とメ

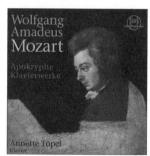

「ソナタ楽章とメヌエット」
テペル盤

ヌエットであり、第2楽章と第4楽章は、モーツァルトのほかの曲からアレンジしたもので、第2楽章は『ピアノ協奏曲第15番変ロ長調K.450』第2楽章の変奏曲の編曲、第4楽章にいたっては『K.450』に加えて、『ピアノ協奏曲第18番変ロ長調K.456』『ホルン協奏曲第4番変ホ長調K.495』の3曲の素材をもとに書かれたもので、アレンジというよりも「作曲」に近い。1806年にケッヒェル第1版は作曲者を、『幻想曲ニ短調K.397（385g)』の最後の10小節を補筆した人としても知られている、ドイツの作曲家でオルガン奏者のアウグスト・エーベルハルト・ミュラー（1767-1817）であ

ると結論して付録に置き「K.Anh. 136」とした。しかしアインシュタインはケッヒェル第3版でこれを1786年ごろのモーツァルトの作品とみなして本編に組み込み、「K.498a」の番号を与えた。そしてケッヒェル第6版では、再び偽作とみなし、第1楽章のソナタ楽章を「K⁶.Anh. C25.04」、第3楽章のメヌエットを「K⁶.Anh. C25.05」とし、ほかの2つの楽章は付録からも外したのである。

　CDではヴァルター・ギーゼキング盤（EMI原盤、Profil復刻）のほかに、大型ボックス「Mozart225」に収録されているフランチェスコ・ピエモンテッシ盤（DG）などがあるが、いずれもソナタ楽章とメヌエットだけの録音。全4楽章を録音しているものとしては、アンネッテ・テペル盤（Thorofon）がある。ちなみに『M事典』『名盤大全』にこの曲についての記述はまったくない。

　そのテペル盤には偽作・疑作のピアノ曲が集められていて、ほかの収録曲は『サルティの歌劇『2人が争えば、3人目が得をする』のミニョンのアリア「仔羊のように」の主題による8つの変奏曲イ長調K.460（K⁶.454a）』『ロマンス変イ長調K.Anh. 205（K⁶.Anh. C27.04）』『ロンド イ長調K.386』『変奏曲イ長調K⁶.Anh. B137』。『K.460』は十指に余る録音があり、普通にモーツァルト作品として通用しているが、新全集では疑義がある作品とし、かわりに未完に終わった主題と2つの変奏曲を、モーツァルトが父への手紙のなかでふれている曲として位置付けている。残りの3曲は真作か編曲である[1]。

『ピアノ・ソナタ（第20番）ハ短調K.deest』は、1794年にモーツァルトの作品31として出版されたが、97年にアントン・エーベル（1765-1807）の作品1と訂正されて再度出版された曲。いずれもエーベルの作品としてリリースされている、ジョン・コーリ盤（Music&Arts）やルカ・クィンタヴァレ盤（Brilliant Classics）が入手しやすいと思われる。

（1）「Mozart con grazia」によれば、『K.Anh. 205』は長らく偽作とされ
ていたが、ヴォルフガング・プラート（1930-55）によって、断片
だけに終わった『ピアノと管楽器のための五重奏曲変ロ長調
K.Anh. 54（K⁶.452a）』の書き換えであることが明らかにされたそ
うであり、つまりは真作ということになる。テペル盤以外にはエド
ウィン・フィッシャー盤（EMIほか）など、古い録音がある程度だ
った が、クリスティアン・ベザイデンホウト盤（Harmonia
Mundi）も出た。『K.386』はピアノと管弦楽のための曲として知ら
れているが、自筆譜が分割され散逸するという数奇な運命をたどっ
た。ここで収録されているのはシプリアーニ・ポッター（1792-
1871）が編曲したピアノ独奏版。ただし、ポッターの編曲の際には
発見されていなかった自筆譜の内容を織り込み、モーツァルトの楽
譜どおりに演奏者自身によるカデンツァを演奏している。最後の
『K⁶.Anh. B137』は『クラリネット五重奏曲イ長調K.581』の第4楽
章の編曲である。

# 3-18

## 宗教曲 1

『荘厳ミサ曲ハ長調K⁶.Anh. C1.20』
『サルヴェ・レジナ ヘ長調K.92（K⁶.
Anh. C3.01)』

「荘厳ミサ曲」 ボストック盤

『荘厳ミサ曲ハ長調K⁶.Anh.
C1.20』は、ソプラノ、アルト、テ
ノール、バスの独唱者と混声4部合
唱、オーボエ、ホルン、トランペッ
トの2管編成とティンパニ、弦5部と大きな編成の、45分から50
分もかかるフルサイズのミサ曲だが、ケッヒェル第6版で偽作とし
て扱われているため、『M事典』その他のほとんどの資料に記述が

ない。しかしそのわりには、どうしたわけか2種類もCDが存在している。2001年録音のダグラス・ボストック指揮、チェコ室内フィルハーモニー管弦楽団、フラデツクラーロベー男声合唱団ほか盤（Classico, Scandinavian Classics）と、2007年録音のフランツ・ハウク指揮、インゴルシュタット・グルジア室内管、マイール合唱団ほか盤（Naxos）である。後述するように真の作曲家がわからないが、どちらのCDにもとりあえずモーツァルト作と書いてある。

　Naxos盤ライナー・ノートによると、オペラ作曲家でガエターノ・ドニゼッティ（1797-1848）の先生で、コンスタンツェとも知り合いだったヨハン・ジモン・マイール（イタリア語ならジョヴァンニ・シモーネ・マイル、1763-1845）が、1802年にこの曲を書き写したときに、「モーツァルト作」と表紙に記したそうだ。それはヴォルフガンク・アマデウスのつもりだったのだろうが、近年では父親レオポルトが真の作者という説も有力だそうだ。いずれにせよ、いまとなってははっきりしない。また、この曲がマイールによって上演されたときには聴衆から大絶賛を浴びたそうである。

　Scandinavian Classics盤のライナー・ノートはもう少し詳しい。この曲の現代の復活初演は1976年のレスリー・ヘッド指揮によってロンドンでおこなわれたということだ。コンサートのあとでヘッドは、「どんなに少なく見積もっても、モーツァルト一家に深く関係した、音楽的にも人物的にも、もっとも偉大な威厳をもった」作曲家によるものだと語ったということである。楽曲についても分析が加えられている。作風からしても、18世紀の後半、1770年ごろのスタイルであると考えられること、例えば、ベネディクトゥスで独唱者がオルガンと管弦楽を伴奏に歌う箇所などに典型的にみられるように、デリケートな旋律やリズミカルな曲調、軽やかな装飾音や対称的でバランスがいいフレーズなど、すべてが成熟した古典派音楽の特徴を示していて、特にオルガン・パートのフレーズのカデンツァ風な動きなどは、モーツァルトによるイタリア風の装飾的な旋律様式をまざまざと思い起こさせるとしている。

結局のところ研究者でも意見が分かれているものだから、真の作者が聴いただけでわかるものではない。グロリアの中間部、「Qui tollis peccata mundi」のように宗教的な敬虔さをシリアスに歌う素晴らしい曲もあるが、世俗音楽を宗教音楽に転用することが普通にあった時代らしく、オペラ的な歌唱が前面に出すぎて宗教的な雰囲気が乏しいと思われる箇所も少なくない。これらを含めて、モーツァルトの『ミサ曲ハ長調「戴冠ミサ」K.317』などほかのミサ曲とよく似ていると感じられる部分も多い。

　ちなみにそのベネディクトゥスだが、実はまったく同じ音楽が『「サルヴェ・レジナ」ヘ長調K.92（K⁶.Anh. C3.01）』で使われている。これにも2001年録音でフランツ・ハウク指揮、インゴルシュタット・グルジア室内管盤があるが、レーベルはGuildである。そのCD解説によれば、この曲は1768年5月23日にザルツブルク近郊のマリア・プライン教会で演奏されたことが知られているということだ。演奏された当時モーツァルトはウィーンにいたことや、レオポルトが68年に関する記録で息子のこの作品についてまったく言及していないなど、モーツァルト作とするには疑問な点がハーマン・ダイテルス（1833-1907）らの学者から指摘されているそうである。荘厳ミサ曲とどちらがオリジナルかという問題には、ライナー・ノートの筆者は正面から答えていないが、常識的には大作であるミサ曲がオリジナルで、こちらは歌詞を付け替えた編曲かパロディーではないだろうか。それを誰がおこなったのかもはっきりしない。ちなみに、こちらはケッヒェル初版で番号が与えられているように、かつては問題視されることなくモーツァルト作とみなされていたが、現在では荘厳ミサ曲同様に、偽作ないし疑作とされている。

# 3-19

## 宗教曲2

『タントゥム・エルゴ変ロ長調K.142（K³.Anh. 186d、K⁶.Anh. C3.04）』『タントゥム・エルゴ ニ長調K.197（K³.Anh. 186e、K⁶.Anh. C.3.05）』『オッフェルトリウム「汝の御保護下に」ヘ長調K.198（K⁶.Anh. C3.08）』『ミサ・ブレヴィス ハ長調K.115（K⁶.166d）』『ミサ・ブレヴィス ヘ長調K.116（K⁶.90a）』『キリエ ニ長調K.91（K⁶.186i）』『オサンナ ハ長調K.223（K⁶.166e）』『アンティフォナ「神は養い給うた」K.44（K⁶.73u）』『フリーメイソン歌曲「われら手に手を取って」K.623a』『グローリア ハ長調K.Anh. 232（K⁶.Anh C1.04）』

　数分程度の宗教的小品をまとめて取り上げる。偽作ないし疑作とみなされるようになった時期や、その信頼度もさまざまなため、残念ながらこれらをすべて録音している便利なCDは存在しない。
　2曲のタントゥム・エルゴ（「大いなる秘跡」の意）、『タントゥム・エルゴ変ロ長調K.142（K³.Anh. 186d、K⁶.Anh. C3.04）』と『タントゥム・エルゴ ニ長調K.197（K³.Anh. 186e、K⁶.Anh. C.3.05）』はケッヘル第3版から偽作とされた。したがって『M事典』には一切記述がない。『名盤大全』によれば、2曲ともにマインツで活躍したヨハン・ツァッハ（ザフ）が作曲者と考えられているということだ。ただ、『K.142』の「アーメン・コーダ」はモーツァルトによる加筆の可能性があることや、真作といわれても十分通じる華やかで祝典的な名品『K.197』にはモーツァルト手書きのパート譜があることなどから、まったく無視するわけにもいかない。CDは知るかぎり『K.142』には、ニコラス・アーノンクール指揮、ウィーン・コンツェントゥス・ムジクム、アルノルト・シェーンベルク合唱団ほか盤（TELDEC）しかないと思うが、『K.197』にはニコ

ル・マット指揮、マンハイム・プファルツ選帝候室内管弦楽団、ヨーロッパ室内合唱団盤（Brilliant Classics）や、ヘイグ・マーディロシアン／聖トーマス・モア大聖堂管弦楽団、同合唱団盤（Centaur）もある。

『オッフェルトリウム「汝の御保護下に」ヘ長調K.198（K⁶.Anh. C3.08）』は新全集には真作として収録されているが、『ニュー・グローヴ音楽辞典』のように、疑作あるいは世俗曲の編曲と記載している文献もある。敬虔で穏やかな聖母への祈りの音楽で、弦楽とオルガンを伴奏に歌う2人の独唱ソプラノが快い。アーノンクールほか盤は一切の虚飾を廃しシンプルに徹した独唱が曲の本質をとらえていると思うが、テンポがやや速く、逆にヘルベルト・ケーゲル指揮、ライプツィヒ放送交響楽団ほか盤（Philips）はゆったりとしたテンポで宗教的な雰囲気に浸れるものの、独唱者にオペラ的な歌い方が散見されるのが惜しい。

　ミサ曲は第16番まで通番されているが、偽作・疑作には番号がない。『ミサ・ブレヴィス　ハ長調K.115（K⁶.166d）』と『ミサ・ブレヴィス　ヘ長調K.116（K⁶.90a）』はいずれも未完の作品で、父レオポルトの作品と考えられている。そのため各社のモーツァルト全集からは除かれていて、『M事典』にも『名盤大全』にも記載がない。『K.115』はキリエとグローリアだけの7分程度の曲で、1764年のレオポルトによるハ長調のミサ曲の草稿とも考えられている。「Mozart con grazia」によれば、「サンクトゥスの9小節を書きかけたところで未完。自筆譜は不明。新全集は採録せず。（ベルンハルト・）パウムガルトナー（1887-1971）が補作し、ベネディクトゥスには「K.Anh. 21」を、アニュス・デイには「K.221」を用いた演奏もある」ということだが、確かに「YouTube」などではこの形態のアマチュア演奏を聴くことができる。LPならアレクサンドル・ユルロフ指揮、ユルロフ記念国立アカデミー合唱団盤（Melodiya）があったが、CDで確認できたのはキリエとグローリアだけ収録のロバート・コバーチ（Org）、ウィーン室内合唱団盤（Carus）だけ

である。なおこれはレオポルドの作品としての録音である。
『K.116』は71年のレオポルドの作とされ、キリエだけが残されて
いる（数小節のグローリアの断章もある）。演奏時間は3分弱で、トビ
ス・リフシッツ指揮、ラトヴィア・フィルハーモニック室内管弦楽
団、アヴェ・ソル室内合唱団盤（EMG）がCDシングルになってい
て、「Amazon」で買えるようだ。[(1)]

　わずか45小節2分程度の『キリエ ニ長調K.91（K$^6$.186i）』だ
が、それも最後13小節は弟子フランツ・クサヴァー・ジュスマイ
ヤー（1766-1803）の補筆によるものであり、しかも最近の研究で
はモーツァルト作と考えられていた部分もゲオルク・フォン・ロイ
ターの作品を筆写したものであることが判明している。[(2)]アーノンク
ールの全集には未収録で、ケーゲル盤しかないと思われる。『オサ
ンナ ハ長調K.223（K$^6$.166e）』の情報は少ない。『M事典』には、
「K.115（166d）のミサ曲同様、教会様式修得の目的でほかの作曲家
の作品を模写したものと考えられていた小品。全21小節」とあ
る。わずか30秒の曲で、アーノンクール盤しかないと思われる。
『アンティフォナ「神は養い給うた」K.44（K$^6$.73u）』は、1770年
にボローニャのマルティーニ神父（1706-84）の下で宗教音楽を学
んだ際の対位法の習作と考えられてきたが、成立事情を同じくする
『「ミゼレーレ」イ短調K.85（K$^6$.73s）』や『アンティフォナ「まず
神の御国を求めよ」K.86（K$^6$.73v）』と比較して、「書法がはるかに
成熟し、譜面にも書き損じや訂正がないことから、これは真作では
なく、モーツァルトがマルティーニの手本を写したもの」（『M事
典』）と疑念がもたれ、新全集からは除かれている。ケーゲル盤に
収録されている。
　『フリーメイソンのための小カンタータ「われらが喜びを高らかに
告げよ」K.623』の付録として追加されていた、3分あまりの男性3
部合唱の『フリーメイソン歌曲「われら手に手を取って」
K.623a』は、初演時には続けて歌われたことが知られている。現
在オーストリア国歌にもなっている、オルガン伴奏で繰り返される

慈愛に満ちた旋律は美しい。しかし『M事典』では「初版だけで伝えられていること、「K.623」の最後の調性とこの曲の調性が異なること、伴奏形態が異なること、「K.623」の自筆楽譜の最後に『fine（終わり）』と書かれていること、書法がモーツァルトらしくないこと」を理由として挙げて、他人の曲と考えられているとしている。「フリーメイソンの誰かの曲をコンスタンツェが利益上出版した可能性も大きい」とも書かれていて、急逝した年の作品だけに、出版もどさくさ紛れのものがあったのか、なかなか複雑なものを感じる。CDは1968年録音と古くはなったが、イシュトヴァーン・ケルテス指揮、エディンバラ音楽祭合唱団ほか盤（Decca）が名高い。やはり古いが66年録音のペーター・マーク／ウィーン・フォルクスオーパー合唱団ほか盤（VOX）も美しいと思う。

『グローリア ハ長調K.Anh. 232（K$^6$.Anh. C1.04）』は、「モーツァルトのグローリア」として知られている5分程度の曲。偽作に冷たい『M事典』に例外的に詳しく説明が書かれている。それによれば、1821年ごろにボンの音楽出版者ジムロックからモーツァルトの作品として出版された『ミサ曲ト長調』の『グローリア楽章ハ長調』で「イギリスの出版者ノヴェッロのオルガン伴奏版楽譜では『モーツァルトのミサ曲第12番』として扱われている」ということだ。しかし現在では、「ジムロックに楽譜を売った音楽教師カール・ツーレーナー」の作品と考えられている。偽作でありながらも、親しみやすい曲調のアマチュアでも十分楽しめる作品として人気がある。「YouTube」にもいくつかの演奏があげられているが、偽作ということで軽んじられてしまい、プロの演奏家によるCDは多くない。管弦楽伴奏のものだとモルモンタバナクル合唱団盤（Sony）、オルガン伴奏でもヨークミンスター・パーク教会合唱団盤（Marquis Music）がある程度と思われる。

注
（1）もう1曲、番号がないミサ曲として、『ミサ・ブレヴィス ト長調

「パストラル・ミサ」K.140（K³.Anh. 235d 、K⁶.Anh. C1.12）』が
ある。完成作で全曲は15分程度かかる。ケッヒェル第6版では偽作
扱いになっているが、これはいまでは1773年に書かれた真作とさ
れている。疑わしいとされた理由は、ほかのモーツァルトの作品に
あまり例がない「パストラル」すなわち「キリスト生誕をめぐる田
園的な雰囲気を8分の6拍子や8分の3拍子の優美なリズムで暗示す
る」（『M事典』）スタイルだったが、「アウグスブルクの修道院でモー
ツァルトの書き込みなどがある写本やオリジナルのパート譜が発
見され」（『名盤大全』）、新全集の校訂者ヴァルター・ゼン（1904-
81）によってモーツァルトの作品と確認された。これもアーノンクー
ル盤、ケーゲル盤、マット盤に収録されているが、ゆったり目の
テンポのケーゲル盤が素晴らしい。
（2）同じく26小節しかない『キリエ ニ短調K.90』は逆に従来ほかの作
曲家の模写と考えられてきたが、現在では自筆譜研究によって真作
と認定されている。ケーゲル盤、アーノンクール盤がある。

# 3-20

## 歌曲

『子守歌「眠れよい子よ」K.350
（K⁶.Anh. C8.48）』『歌曲「おおらか
な落ち着き」K.149（K⁶.125d）』『歌
曲「ひ そ か な る 愛」K.150
（K⁶.125e）』『歌曲「低き身分にある
満足」K.151（K⁶.125f）』『カ ノ ン
「俺の尻をなめろ、きれいにきれい

「歌曲集」　アメリング盤

にね（おれにゃ酒だけが楽しみだ）」K.233（K⁶.382d）』『カノン「夏
の暑さにおれは喰う（喰って飲んで身が保つ）」K.234（K⁶.382e）』
『二重唱「さあ、かわいい娘さん、ぼくと行こうよ」K.625
（K⁶.592a）』

ここでは、世俗的な声楽曲で偽作ないし疑作とされている曲を取り上げる。何といっても、名品は『子守歌「眠れよい子よ」K.350（K⁶.Anh. C8.48）』だが、研究の結果この曲の真の作者は医師でアマチュア作曲家ベルンハルト・フリース（1770-?）とされ（『M事典』はこの立場）、さらに近年ではフリードリッヒ・フライシュマン（1766-98）説も出てきているようだ。『M事典』によれば、「モーツァルトの遺品の中に筆写譜の形で含まれていた」「妻コンスタンツェが再婚した夫（ゲオルク・ニコラウス・）ニッセン（1762-1826）の著『モーツァルト伝』（1828年）の付録で初めて紹介された」とあるので、モーツァルト生前には存在が知られておらず没後突然出現した、いかにも怪しい出どころの曲ということになる。ちなみに作詞はフリードリッヒ・ヴィルヘルム・ゴッター（1746-97）だが、日本では以下の堀内敬三（1897-1983）訳で知られている。

　　眠れ　よい子よ　庭や牧場に
　　鳥も羊も　みんな眠れば
　　月は窓から　銀の光を　そそぐこの夜
　　眠れ　よい子よ　眠れや

　　家の内外（うちそと）　音はしずまり
　　たなのねずみも　みんな眠れば
　　奥のへやから　声の秘かに　響くばかりよ
　　眠れ　よい子よ　眠れや

　　いつも楽しい　しあわせな子よ
　　おもちゃいろいろ　あまいおかしも
　　みんなそろって　朝を待つゆえ　夢に今宵も
　　眠れ　よい子よ　眠れや

　純朴な優しさに包まれた癒し系の名品であり、真作ではなくても

さすがに人気は衰えることはないが、ほとんどのモーツァルトの歌曲集のCDに収録されていないので注意が必要。定番中の定番はエリー・アメリング（S）、ダルトン・ボールドウィン（Pf）によるPhilips盤だろうか。1977年の録音だが、やはりいまでも第一に聴くべきモーツァルトの歌であることに変わりはない。

『歌曲「おおらかな落ち着き」K.149（K⁶.125d）』『歌曲「ひそかなる愛」K.150（K⁶.125e）』『歌曲「低き身分にある満足」K.151（K⁶.125f）』の3曲は、自筆楽譜とされていたものは父レオポルトの筆跡のため、いずれも現在ではモーツァルトの作品ではないとみなされ、新全集からも外されている。最近の録音でこれらの曲を歌う歌手は、オルガ・パシェチニク（S）、ナターリャ・パシェチニク（Pf）盤（Pro Musica Camerata）など数えるほどしかなく、アメリング盤に頼るほかはない。

　2曲の3声のカノン『カノン「俺の尻をなめろ、きれいにきれいにね（おれにゃ酒だけが楽しみだ）」K.233（K⁶.382d）』『カノン「夏の暑さにおれは喰う（喰って飲んで身が保つ）」K.234（K⁶.382e）』はいずれも下品な歌詞がひどくて、ブライトコップ社からの出版の際には（　）内の別の歌詞に変えられたといういわく付きの曲。真作かどうか疑わしいとされていて、『名盤大全』でも「冗談音楽」「色物」とさんざんな書かれようである。ブログ「晴天な」の2017年10月21日記事「偽作曲（シリーズ4回目）：モーツァルト[2]」によると、自筆譜が見つかり、『K.233』の真の作曲者はヴェンツェル・トゥルンカ・フォン・クルゾヴィッツ（1739-91）であることが明らかになったということだ。CDは、『名盤大全』で取り上げられているPhilipsの全集収録のウーヴェ・クリスティアン・ハラー指揮、コルス・ヴィエネンシス盤しか聴いたことがない。

『二重唱「さあ、かわいい娘さん、ぼくと行こうよ」K.625（K⁶.592a）』は5人の作曲家の『合作歌劇「賢者の石」』（台本はエマヌエル・シカネーダー〔1751-1812〕）のために、最晩年の1790年に作曲されたと考えられてきた。『歌劇「魔笛」K.620』のパパゲー

ノとパパゲーナの二重唱の原型を思わせる音楽で、魔法によって猫の言葉しか話せなくなった妻がニャーニャーと鳴き声で夫に合わせて歌う抱腹の二重唱。才気ある曲と思うのだが、『M事典』によれば、自作品目録に掲載がないこと、自筆譜も部分的に他人の手によるものであることを理由に疑作との意見もあるということだ。仮に偽作ならば真の作曲者はいったい誰なのだろうか。CDはエヴァ・リンド（S）、アントン・シャリガー（Br）、イェルク＝ペーター・ヴァイグレ指揮、ドレスデン・フィル盤（Philips）などがある。

注
（1）「ねむれよい子よ庭や牧場に」「Wikipedia」〔2021年9月9日アクセス〕。ちなみにブログ「フルートとクラシック音楽好きの人に」にある「モーツァルトの子守歌（フリース）_Mozart's Lullaby_B. Flies」（〔http://flvc-itoyasuki.cocolog-nifty.com/blog/2011/10/_mozarts-lullab.html〕〔2021年9月9日アクセス〕）という記事に興味深い内容があったので紹介したい。「この曲の作曲者フリースとモーツァルトの間に意外な関係があったことがわかりました。それはフリースの奥さんがモーツァルトのピアノの弟子だったということです。フリース自身は医者とはいえ、このような曲を作るくらいの人なので、当然ながらモーツァルトのことも良く知っていたと思われます。そして、そこにミステリーらしきことが出てきます。それは、モーツァルトが死んだ翌日に、このフリースが自殺したという話です。当時の噂話では、フリースの奥さんとモーツァルトが不倫関係にあったらしいということですが真偽はわかりません」。うーん、フリースが作者であってもそうでなくても、妻の浮気相手が死んだら自殺する理由が謎でしかない。
（2）「偽作曲（シリーズ4回目）：モーツァルト」「晴天な」（https://akof.hatenablog.com/entry/2017/10/21/185949）〔2021年9月9日アクセス〕

# 第4章

# ベートーヴェン以後

近藤健児

　18世紀以前は著作権などという概念もなく、パトロンに扶養されて生活するなど音楽家の地位が低かった。そのためバッハ、ハイドン、モーツァルトの場合には、その名前が勝手に使われて、他人の作品が出版されたり演奏されたりし、その結果として、おびただしい数の偽作や疑作が後世に伝わることになった。これに対して、ベートーヴェンの場合には、初めて作曲家としての自立性を苦難の末に獲得し、また自らの作品に作品番号を付与するなどの管理を徹底したことで、贋作が入り込む余地はぐっと狭くなった。もちろん、『七重奏曲変ホ長調Op.20』のように成功した作品を他人が勝手にさまざまな楽器用に編曲して出版したりすることは多々あったし、本文で紹介するように、まったく無関係な作品が没後になって若いころの習作とされたりすることもあった。本章の執筆では『全作品解説事典　ベートーヴェン事典[(1)]』（以下、『B事典』と略記）のような、断片や偽作を含む全作品を解説した文献が特に参考になった。

　ベートーヴェンよりあとは、偽作の入り込む余地はさらになくなるが、例外として、シューベルト、ブラームス、グスタフ・マーラー（1860-1911）の興味深い偽作ないし疑作を、それぞれ1曲ずつ取り上げて紹介する。

注
（1）平野昭／土田英三郎／西原稔編著『全作品解説事典 ベートーヴェン事典』東京書籍、1999年

# 4-1

## ベートーヴェン 1：交響曲

「イエナ交響曲」 コンヴィチュニー盤

『交響曲ハ長調「イエーナ交響曲」Anh. 1（Hess A1）』

1950年代後半までは、ベートーヴェンが『交響曲第1番ハ長調Op.21』以前に作曲した第0番に相当する交響曲だと信じられていた曲だが、現在では、真の作曲者はフリードリヒ・ヴィット（1770-1837）であることが判明している。ちなみに「Anh. 1」になっているが、これはゲオルク・キンスキー（1882-1951）とハンス・ハルム（1898-1965）によって作成されたベートーヴェンの作品目録（1955年）のなかにある、全18曲の偽作・疑作の整理番号である[1]。また、「Hess A1」とは、ウィリー・ヘス（1906-97）によるベートーヴェンの作品目録で、キンスキー＝ハルムの目録で漏れている習作、異稿、断片や紛失曲などにHess番号を付けて補った目録作成時（2003年）に、偽作・疑作も全66曲までリストアップして、新しく番号を付けたものである[2]。

1909年、ドイツの音楽学者・指揮者フリッツ・ステイン（1879-1961）は、ドイツ・チューリンゲン州のイエーナのコンサート協会のアーカイヴから古い楽譜を掘り出した。彼は作風からそれがベートーヴェンのごく初期の作品だと考え、11年にはブライトコップ

&ヘルテル社からこの楽譜を出版した。ベートーヴェンの作品であるという考えを後押ししたのが、ベートーヴェン自身が『交響曲第1番』を作曲する以前に、ハイドンの『交響曲第97番ハ長調』を手本にして、ハ長調の交響曲の作曲を試みていると書いている手紙である。[3] 手本になったとされるハイドンの作品同様に、曲は4つの楽章からなり、第3楽章はスケルツォではなくメヌエットである。

　1957年にニーダーエスターライヒ州のクレムス近郊のゲットヴァイク修道院で、ハイドンの研究者として著名なH・C・ロビンス＝ランドンは、この交響曲の別の筆写譜を発見したが、それには作曲者としてヴィットの名前が記されていた。現在では多くの学者たちがこの交響曲をヴィットの作と考えるにいたっている。

　英語版「Wikipedia」には9種の録音が紹介してあり、[4] なかにはパトリック・ガロワ指揮、シンフォニア・フィンランディア盤（Naxos）のように偽作と判明してからは、ヴィット作品集の一環として取り上げられたものもある。しかしフランツ・コンヴィチュニー指揮、シュターツカペレ・ドレスデン盤（DG）のようなMONO時代のものは、おそらくベートーヴェン作と考えての録音だったことだろう。曲そのものはハイドンの亜流にすぎず、残念ながら霊感も旋律美も乏しく思えるが、これを忘れられた古典派時代のいささか凡庸な作曲家の作品として演奏するのではなく、将来の大家による創作の最初期のやや未熟な試みととらえて演奏するならば、力が入る度合いが違ってくると思う。その意味で、できれば上記コンヴィチュニー盤のような昔の演奏で聴くことをお勧めしたい。

注
（1）キンスキー＝ハルムによるベートーヴェンの作品目録は、「Ludwig van Beethoven (1770-1827): Werke sortiert nach Kinsky (Verzeichnis nach Kinsky/Halm, 1955)」「Klassika」（〔https://www.klassika.info/Komponisten/Beethoven/wv_wvz1.html〕〔2021年12月22日アクセス〕）を参照されたい。

（2）ヘス番号については、「Ludwig van Beethoven (1770-1827): Werke sortiert nach Hess (Verzeichnis nach Hess/Green, 2003)」「Klassika」（〔https://www.klassika.info/Komponisten/Beethoven/wv_wvz2.html〕〔2021年12月21日アクセス〕）を参照されたい。

（3）典拠は英語・ドイツ語・フランス語版「Wikipedia」の記述だが、1860年初出でその後何度も形を変えて再刊している、エグランティーヌ・ウォーレスによる450通以上の書簡を集めたベートーヴェン書簡集には、このような内容の手紙は含まれていない。英語版には出典としてバリー・クーパー編『ベートーヴェン大要』（Compendium, 1995.）所収のN・マーストンによる交響曲についての文章が挙げられている。

（4）「Jena Symphony」「Wikipedia」〔2021年12月21日アクセス〕

# 4-2

## ベートーヴェン2： ピアノ三重奏曲

『ピアノ三重奏曲ニ長調 Anh. 3 (Hess A16)』

　ソナタ形式のアレグロにロンドが続く、中間部の緩徐楽章を欠いた2楽章からなる13、4分の曲で、現在では弟のカスパル・カール・ベー

「ピアノ三重奏曲」
フランク・ブリッジ三重奏団盤

トーヴェン（1774-1815）の作品とされている。偽作についてはほとんど項数を割いていないなかで、この曲については『B事典』に比較的詳しい紹介がある。以下、同書を参考に情報を整理しよう。

　この曲の手稿譜はロンドンの大英博物館にあり、やはり弟カスパル・カール作とされる『ピアノのためのロンド Anh. 6』と、ボヘミア出身の作曲家レオポルト・アントニーン・コジェルフ（1747-

1818）の曲をカスパル・カールが編曲した『4手ピアノのための3つの小品Anh. 8』、それにモーツァルトの自筆譜2点とともに綴じて保管されている。もともとベートーヴェンの遺品競売で世に出回りながら、モーツァルトの自筆譜と称してオーストリア皇帝からトルコ皇帝に贈呈されるなど、数奇な経緯をたどった。

　ケッヒェル第2版（1905年）でモーツァルトの作品にカウントされたが（K².Anh. 52a）、モーツァルト研究者のテオドール・ド・ヴィゼヴァ（1862-1917）とジョルジュ・ド・サンフォワ（1874-1954）がベートーヴェンの作品と認定した[1]。その理由は同じような経緯で大英博物館に入り、やはりモーツァルトの作品とされてきた管弦楽のためのメヌエットが、ベートーヴェンの『12のメヌエットWoO12』の第1番と同じであることがわかったためで、これらの同一筆跡の手稿譜を若いころのベートーヴェンの手によるものとしたためだ。

　しかし、1978年に児島新によって、『12のメヌエットWoO12』が実はベートーヴェンではなくカスパル・カールの作品であり、これら一連の手稿譜もカスパル・カールの筆跡で、彼の作品ないし編曲であることが証明された。

　作曲されたのが1798-99年であるとすれば、カスパル・カールの25歳前後の曲ということになる。それにしては曲の出来栄えはかなりよく、ベートーヴェンの初期作品と比べても遜色ない水準に達しているように思われる。兄の秘書として編曲や出版に務めていたとされる弟の知られていない才能を垣間見ることができる、貴重な楽曲といえるかもしれない。

　なお、伝えられている譜面には1ページの欠損があり、第1楽章の第63小節から96小節までが失われている。ベートーヴェン研究所による「聴かれざるベートーヴェン」と題された研究プロジェクトの成果の1つである、アルベルト・ウィレム・ホルスベルゲン（1957-）による補筆完成版を用いることで、失われた33小節が復元演奏されている。知るかぎり録音は2種あり、この復元版を

2005年8月にイタリア・リグーリア州のモネーリアで世界初演したフランク・ブリッジ三重奏団盤（Inedita）が世界初録音。ベートーヴェン・プロジェクト三重奏団盤（Cedille）が続いた。

注
（1）ケッヒェル第6版では偽作扱いの「K⁶.Anh. C22.01」の番号が付けられている。

# 4-3

## ベートーヴェン3：
## フルート・ソナタ

『フルート・ソナタ　変ロ長調Anh. 4（HessA11）』

「フルート・ソナタ」
ガッゼローニ／カニーノ盤

この美しいソナタは疑作である。真作かもしれないし、そうでないかもしれない。この曲に対して研究者らがどのように判断してきたかについては、『B事典』に土田英三郎によるかなり詳しい解説がある。その記述によれば、ベートーヴェンの遺品に含まれていた手稿譜に、「1 Sonata fecit di Bethoe」（ベートーヴェンによる1曲のソナタ）の鉛筆書きがあったことが、ベートーヴェンの作品と考える真作説の根拠になっている。ヘスは、第1にベートーヴェンのつづりで「e」が1つなのはボン時代の若いころにだけみられること、第2に若いころの未熟な面もある作品に自分の名前を書き込んで長年にわたって保管した事実から、他人の作品とは考えにくいことを指摘し、これらが真偽の問題を未解決としながらも真作と考えうる有利

な条件になるとしている。一方で、手稿譜の紙のタイプや透かし模様、五線の引き方などが、疑作とみなしうる材料として挙げられている。

　曲は4楽章20分程度の比較的規模の大きいもので、全体としては当時の作品らしくピアノ・パートに重きを置いている。ソナタ形式の第1楽章は、いかにも初期のベートーヴェンといった趣の躍動感が魅力である。第2楽章にポロネーズを置いているのは異色である。第3楽章のラルゴは穏やかで優美な歌で、全曲の白眉。非常に美しい。終楽章はベートーヴェン得意の主題と4つの変奏である。真作かどうかはともかく、古典派のフルートとピアノによる楽曲中でも屈指の出来であることは確かで、フルート奏者にとっては貴重なレパートリーであるため、ジャン・ピエール・ランパル（Fl）、ロベール・ヴェイロン゠ラクロワ（Pf）や、ジェームズ・ゴールウェイ（Fl）、フィリップ・モル（Pf）といった巨匠たちも録音を残している（前者はVOX、後者はRCA）。個人的にはいちばんに推したいセヴェリーノ・ガッゼローニ（Fl）、ブルーノ・カニーノ（Pf）といったイタリア勢による録音は、ゆったりとした第3楽章が息をのむほど素晴らしい（Philips）。

# 4-4

## ベートーヴェン4：ピアノ曲

『2つのソナチネ　ト長調・ヘ長調Anh. 5』『ピアノのためのロンド　変ロ長調 Anh. 6（Hess A20）』『4手のための3つの小品Anh. 8（Hess A18）』『4手のための9つのドイツ舞曲Anh. 9（Hess A19）』『歌曲「私には小さな小屋だけがある」による8つの変奏曲Anh. 10』『「アレクサンダー行進曲」Anh. 11（Hess A24）』『「パリ市民の入城行進曲」Anh. 12（Hess A25）』『ピアノのための6つのワルツ

Anh. 14（Hess A27-32）』『ピアノの
ための4つのワルツ Anh. 16（Hess
A33-36）』

「2つのソナティネ」　ヤンドー盤

　ベートーヴェンの偽作・疑作はハ
イドンやモーツァルトに比べれば相
当に少なく、しかもその大半がピア
ノ曲に集中している。CDがなくて
も、LPや配信、鑑賞に堪えうる
「YouTube」の演奏動画など音源が
あるものはここでは取り上げること
にした。
　『2つのソナチネ Anh. 5』は、旧全
集ではベートーヴェンのソナタ群の
一翼に加えられ、『第37番』と『第
38番』とされていた。(1) どちらも2楽章
形式で、それぞれ演奏時間は5分に
も満たない小曲だが、初学者でも演
奏できる平易で親しみやすい曲調で
人気がある。特にト長調の第2楽章
「ロマンス」は愛らしい。そのた
め、ベートーヴェンの真作であるこ
とを示す情報が皆無で、疑作である
にもかかわらず、例外的にヘレン社
版の「ベートーヴェン ピアノ小品
集」の楽譜にも収録されている。た
だしプロの演奏家による商業録音は
多くなく、ばら売りではイェネー・

「4手のためのピアノ曲集」
パニー／アルチウリ盤

「ピアノ作品全集」　ブッフビンダー盤

ヤンドー盤（Naxos）がある程度と思われる。
　『4手のための3つの小品 Anh. 8』と『4手のための9つのドイツ舞

曲Anh. 9』は、現在ではどちらもボヘミア出身のウィーンで活動した作曲家レオポルト・アントニーン・コジェルフ（1747-1818）の作品とされている。『B事典』によれば、『3つの小品』はもともとコジェルフのバレエ『見つけ出されたオットー2世の娘』（1794年）の第22曲、第17曲、第18曲の編曲であることが調査ずみということだ。「ガボット」「アレグロ」「陰気な行進曲」の3曲からなり、それぞれ2分程度の快活な2曲のあとで、突然の葬送行進曲が陰鬱に始まったかと思うと、終止することなくわずか30秒で途切れてしまうという、この3曲だけをこの順番で演奏すると、何ともシュールな曲になっている。『B事典』によるとコジェルフ自身は「陰気な行進曲」を38小節の完成した作品として残しているそうだが、なぜこの編曲が6小節だけの断片なのかについては、残念ながら記述がない。『9つのドイツ舞曲』も1曲1分に満たない短い舞曲が連続して演奏される軽いサロン音楽。ほかの作曲家の名前とともに伝わった曲も含めて、1939年にカール・ビットナー（生没年不詳）によって、伝ベートーヴェン作と称してまとめられて出版されたもの。2作品とも技巧的に平易に書かれていて、真作ではなくても『2つのソナチネ』同様にアマチュア演奏家から一定の需要はありそうだが、プロの奏者による商業録音は非常に少ない。筆者が発見できたのは、ベートーヴェンのピアノ連弾作品を集めたパトリシア・パニー／エマニュエレ・アルチウリ盤（Stradivarius）だけである[2]。

『ピアノのためのロンド 変ロ長調Anh. 6』と『歌曲「私には小さな小屋だけがある」による8つの変奏曲Anh. 10』には、ルドルフ・ブッフビンダーによる録音がある（TELDEC, Warner）。前者は5分程度の曲で疑作とされる。『B事典』には「スラーやスタカート記号は極めて限られた箇所にしか記入されてなく、強弱記号もわずか6か所」「多くの装飾前打音やトリル装飾をもつ語法は初期様式を思わせるばかりか、楽器としてはピアノフォルテよりむしろチェンバロの音楽を思わせる」とあり、真作ならば前者はボン時代の作

品と考えられる。この曲にはほかにフォルテピアノを用いたナタリア・ヴァレンティン盤（Paraty）もある。後者は6分半程度の曲で『B事典』では偽作としているが、真の作者についてはふれていない。また主題になった旋律も『B事典』によれば、18世紀半ばに流行した民謡「夕べ、いとこのミシェルがそこにいた」が正しいということである。旧全集にも収録され、ヘレン社の楽譜「変奏曲集2」にも収録されているから、この曲も偽作といえどもアマチュア奏者に人気があるということだろう。ケース・ニューヴェンホイツェンの演奏も配信で聴くことができる。

『「パリ市民の入城行進曲」Anh. 12（Hess A25）』は、ナポレオン戦争時に流行したというドイツの軍楽行進曲で、作曲者はヨハン・ハインリッヒ・ヴァルハ（1776-1855）であるとされている。『B事典』によれば、「ベートーヴェンの名が冠されたのは1860年ごろにライプツィヒのシューベルト社から出版された『8つのバガテル集』の第8曲として」ということで、没後かなりたってからベートーヴェン作品として何者かによって紛れ込まされたことになる。2分程度の短い曲で、ピアノ版ではなく軍楽バンドによる演奏がいくつかあり、あのヘルベルト・フォン・カラヤン指揮、ベルリン・フィル管楽器セクション（DG）も録音している（ただし、テンポがいかにも急速）。

『「アレクサンダー行進曲」Anh. 11（Hess A24）』はルイ・デュポール（1781-1853）の『バレエ音楽「まぬけな騎士」』（1812年）に含まれる音楽だが、『B事典』によるとこのバレエ音楽自体が複数の作曲家の曲を寄せ集めたものということである。この行進曲もデュポールではなく、おそらくはルイ゠リュック・ロワゾー・ド・ペルスュイ（1769-1839）の作曲と推定されているということだ。1分程度の軽快な短い曲で、音盤は見当たらなかったものの、ケース・ニューヴェンホイツェンの演奏を配信で聴くことができる。

『ピアノのための6つのワルツ Anh. 14（Hess A27-32）』は、同じく『B事典』によるとベートーヴェンの師の翌年の1828年に「マ

インツとパリのショット社が『ベートーヴェンの思い出：ピアノのための6つのワルツと葬送行進曲』と銘打った楽譜を出版したことに由来」する曲。6つのワルツの最初の4曲にはそれぞれ曲名が付いていて、第1曲「憧れのワルツ」変イ長調、第2曲「悲しみのワルツ」ヘ短調、第3曲「希望のワルツ」変ホ長調、第4曲「幽霊のワルツ」イ長調。第5曲ヘ長調と第6曲変ニ長調には表題はない。これらの曲はすべてベートーヴェンの曲ではなく、例えば第1曲はシューベルトの「悲しみのワルツ」D.365-2 に、フリードリヒ・ハインリヒ・ヒンメル（1765-1814）作曲のプロイセン皇妃ルイーゼに献呈された「お気に入りのワルツ」を合体させた曲である。全6曲のうち第1、2、3、5曲を録音していたのが、アキレス・デッレ – ヴィーニュだが（Master of Arts, Arcobaleno、のち Discover でも再発）、きわめて入手困難。アマチュアと思われる演奏は「YouTube」にいくつかあり、アレクサンドル・ヘーゼルによるギター二重奏編曲による録音ならジョン・シュナイダーマン／山谷英己盤（Hänssler）がある。

『ピアノのための4つのワルツ　Anh. 16（Hess A33-36）』は第1曲「祝賀ワルツ」嬰ハ長調、第2曲「ゲルトルートの夢のワルツ」変ロ長調、第3曲「日光ワルツ」変ホ長調、第4曲「月光ワルツ」変イ長調からなる。それぞれが19世紀の中頃に別々に出版されたもので、第3曲は『ピアノ・ソナタ第18番変ホ長調　Op.31-3』の第3楽章メヌエットの主題を用いていて、第4曲は『ピアノ・ソナタ第14番嬰ハ短調Op.27-2「月光」』の音型を利用しているなど、ベートーヴェンの真作に似せて作られた疑似作品ということができる。第2曲だけケース・ニューヴェンホイツェンの演奏を配信で聴くことができる。

注
（1）旧全集では3曲の「選帝侯ソナタ」WoO.47 が第33番から35番、
　　終楽章が未完もしくは紛失の「やさしいソナタ」ハ長調WoO.51が

第36番とされていた。
（2）ほかに真作の『ヴァルトシュタイン伯爵の主題による4手のための
8つの変奏曲WoO.67』『ゲーテの詩「君を思う」による4手のため
の6つの変奏曲WoO.74』『4手のための3つの行進曲Op.45』『4手
のためのソナタ　ニ長調Op.6』『4手のための大フーガOp.134』を
収録。

# 4-5

## シューベルト

フランツ・シューベルト『交響曲ホ
長調』（1825）

「交響曲（1825）」　ザミュエル盤

　シューベルトの交響曲は番号付け
が何度も変わり、定着しているとは
いえない。初期の6曲には問題はな
い。1978年に国際シューベルト協
会によるドイチュ改訂目録では、有
名な1822年の『未完成』交響曲は完成作に匹敵するとしてほかの
未完の交響曲群とは区別して番号を与え、作曲順に『交響曲第7番
ロ短調D.759「未完成」』、そして最晩年に作曲された最後の完成さ
れた交響曲を『交響曲第8番ハ長調D.944「ザ・グレート」』とす
ることに決められた。しかしそれ以前の1951年のドイチュ目録で
は、全4楽章のピアノ・スケッチができあがっている1821年のホ
長調の曲を加えて、作曲順に『交響曲第7番ホ長調D.729』『交響
曲第8番ロ短調D.759「未完成」』『交響曲第9番ハ長調D.944
「ザ・グレート」』としていて、いまでもこちらの番号が使われるこ
とがあって混乱を招いている。

　ところで広く知られているように、シューベルトにはもう1つ、

1825年に作曲されたとされる幻の交響曲がある。それが作曲された保養地の名をとって『「グムンデン＝ガシュタイン交響曲」D.849』と呼ばれるものであり、シューベルトから友人の画家レオポルト・クーペルヴィーザー（1796-1862）に宛てた手紙、友人の劇作家エドゥアルド・フォン・バウエルンフェルト（1802-90）の日記、友人の画家モーリッツ・フォン・シュヴィント（1804-71）がシューベルトに宛てた手紙、さらに友人の貴族ヨーゼフ・フォン・シュパウン（1788-1865）の回想録などにその存在が示唆されるなど、記録だけが残るが曲そのものは発見されていないとされてきた。ヨーゼフ・ヨアヒム（1831-1907）は『ピアノ連弾のための大ソナタ　ハ長調Op.140、D.812「大二重奏曲」』がこの失われた交響曲のスケッチであると考え、オーケストレーションして発表し、録音もいくつかある[(2)]。しかし『グムンデン＝ガシュタイン交響曲』そのものは、『交響曲第8番ハ長調D.944「ザ・グレート」』と同一の曲であることが現在では通説になっている。英語版「Wikipedia」には、シューベルトは26年にウィーン・フィルにこの交響曲のフルスコアを送ったものの、27年の後半に非公式な演奏で取り上げられただけで放置されたと記してある[(3)]。その後も29年にコンセール・スピリチュアルで演奏された可能性を指摘する研究者もあるが確定的な事実はなく、38年のロバート・シューマン（1810-56）による発見まで捨て置かれることになったという。シューマンがシューベルトの兄フェルディナント・シューベルト（1794-1859）によってウィーン楽友協会に眠っていたスコアを見せられた曲はもちろん『ザ・グレート』である。したがって、この話が正しければ『ザ・グレート』は26年には作曲されていたことになる。

　そんななか登場したのがこのCDである。ゲルハルト・ザミュエル指揮、シンシナティ・フィルによる演奏で、1992年4月に録音された。レーベルはCentaur。世界初録音とある。シューベルトの1825年作曲のホ長調の交響曲という記述が正しいなら、『ザ・グレート』ではない、幻の『グムンデン＝ガシュタイン交響曲』のはず

だが、いったいどこにそんな曲がいままで知られずにあったのか。
ライナー・ノートはザミュエル自身がしたためているが、そこに書
いてあることは驚くべきことだった。

　まず、『グムンデン゠ガシュタイン交響曲』と『ザ・グレート』
を別の曲とする根拠が２つ挙げられている。最近見つかった『ザ・グ
レート』の草稿から、この曲は明らかに1828年の作曲であると
する。さらに当時のウィーン楽友協会の秘書だったアロイス・フッ
クス（1799-1853）は、作品の収集とカタログの整理をしていた
が、シューベルトの交響曲の箇所に２曲分の空欄が置いてあったこ
とから、これは『グムンデン゠ガシュタイン交響曲』と『ザ・グレ
ート』の２曲のためにシューベルト自身が指示して空けさせたと考
えられるとしている。しかし１つ目の根拠について、確かに以前は
『ザ・グレート』の作曲年を28年とする説が有力だったが、この年
にシューベルトは交響曲については草稿だけで未完に終わった『交
響曲ニ長調D.936A』の構想を練っていたはずで、ほかにも『弦楽
五重奏曲ハ長調Op.136、D.956』などの大作にとりかかっていた
ことを考えると、『ザ・グレート』を28年に作曲したと考えるのは
無理がある。最近見つかったどのような決定的な証拠があるのだろ
うか。また後者は、まったくの仮説にすぎないのではないか。

　この『交響曲ホ長調』（1825）は、1982年、シュトゥットガルト
の楽譜出版社ゴルドーニによって出版された。いみじくもライナ
ー・ノートに書いてあるとおり、これはドイツ・オーストリア圏以
外では注目されたとは言い難かった。楽譜の監修はライムート・フ
ォーゲル（不詳）とフリーのジャーナリスト・作家・音楽家でこの
曲の譜面を発見したというギュンター・エルシェルツ（1936-
2004）である。総譜は失われているが、２管編成の各楽器のパート
譜は19世紀を通じてエルショルツの先祖が保有してきたもので、
細心の注意を払って美しく写された譜面は、19世紀の後半と60年
代のものと２系統存在し、才能あるアマチュアによるものと考えら
れる。エルシェルツはこのパート譜からスコアを起こし、いくつか

の明らかな誤りを修正して出版したのである。うーん、エルシェルツの祖先はベルリンに住んでいたらしいのだが、1820年代にどのようにしてこの楽譜がベルリンまで移動したのか、当然湧き起こる疑問に対して、「私はそれについては語るのをやめよう」と書いているザミュエルは、不誠実のそしりを免れないのではないだろうか。

　さて肝心の曲だが、シューベルトの諸作品そっくりなパッセージが各楽章に頻出することが最大の特徴である。日本語版「Wikipedia」には「同一ではないが下書きの役割を果たしていて、調性がちがうだけで主題と展開と楽器編成はまったく同じ、その筆写譜がシュトゥットガルトの出版社から刊行されている」とあるが、これは誤解を招く表現で、主題も展開も同じではなく劣化コピーとみなしたほうが正確だ。引用が多いことに対してザミュエルは、1960年代にはまだまだ有名ではなかった曲からの引用があることを根拠に、シューベルト自身が自作から引用したと説明している。しかし、どう考えてもほぼ全楽章で用いられる『ザ・グレート』だけでなく、素材になっている『八重奏曲ヘ長調Op.166、D.803』『弦楽四重奏曲第14番ニ短調D.810「死と乙女」』『幻想曲ハ長調「さすらい人幻想曲」Op.15、D.760』といった曲がマイナーだったとは考えられない。加えて、『劇付随音楽「ロザムンデ」Op.26、D.797』や『歌曲「死と乙女」Op.7-3、D.531』の例にみられるように、自作を別ジャンルの作品に転用することはあっても、シューベルトは妙に変形したりせず、そのままの旋律を用いる。それは完成されている曲をいじくって劣化させないために必要なことだからであると考えるのが自然である。

　英語版「Wikipedia」によれば、この曲のドイチュ番号は「D.Anh.Ⅰ.6A」。そこには「偽の『「グムンデン゠ガシュタイン交響曲』」「ギュンター・エルシェルツ作曲」と書いてある。この評価が正しいことは、ザミュエル以後誰もこの曲を録音しないこと、すべてのシューベルトに関する文献がこの曲を黙殺していることか

らも明らかだろう。ネット上にはこの贋作に対して「楽しめる」という肯定的な評価も散見するが、いかがなものか。個人的にはそもそも信じて買ったCDではないにせよ、粗悪なものをつかまされた印象が強く、曲に魅力は感じなかった。

ところで、贋作の絵や骨董を真作として売った画商や骨董商は、真贋を見抜けぬ者としてその名前に深い傷を負うそうだ。何度見返してもこのCDのどこにも冗談ともお遊びとも書かれていないことをみると、ザミュエルは大真面目にこの曲を真作と信じて演奏し、ライナー・ノートを書き、世界中に売ったのだろう。あるいは偽作と知りながらそうしたのかもしれない。レーベルも同罪といえばそのとおりだが、彼がその後この世界で生きていけるのだろうか気になるところである。

注
（1）『D.729』はフェリックス・ワインガルトナー（1863-1942）とブライアン・ニューボールト（1936-）によってオーケストレーションが施され、実際に4楽章の交響曲として聴くことができる。詳細は前掲『クラシックCD異稿・編曲のたのしみ』を参照されたい。
（2）録音については同書を参照されたい。
（3）「Symphony No.9（Schubert）」「Wikipedia」［2021年12月6日アクセス］
（4）「「フランツ・シューベルト」の「4.2.1. グムンデン＝ガスタイン交響曲の偽作」」「Wikipedia」［2021年12月6日アクセス］。なお、2022年5月8日現在、この記述は書き換えられているが、現行の記述も趣旨はほぼ同じである。
（5）「List of compositions by Franz Schubert」「Wikipedia」［2021年12月6日アクセス］
（6）「Amazon.com」のレビューなど。「Customer Reviews__Symphony in E(1825): Premiere Recording」「Amazon.com」［2021年12月6日アクセス］

# 4-6

## ブラームス

『ブラームス：ピアノ三重奏曲イ長
調』（遺作）

「ピアノ三重奏曲全集」
ボーザールT盤

　ブラームスのピアノ三重奏曲は全
3曲（『第1番ロ長調Op.8』『第2番ハ
長調Op.87』『第3番ハ短調Op.101』）
というのが常識だが、実は真贋が定
まらない遺作のイ長調の曲がある。

　最も早い時期の録音の1つで、入手も容易なボーザール三重奏団
盤（Philips, Decca）の国内盤に薬科雅美が解説を寄せているので、
それを参考に発見の経緯をまとめよう。

　この曲の筆写譜は1924年にケルン大学音楽部教授エルンスト・
ビュッケン博士によって、ボンで死去したエーリヒ・ブリンガーの
遺品のなかから発見された。発見された楽譜には表紙はなく、明ら
かにプロの手による筆写譜だったため筆跡鑑定で作曲者を特定する
ことはできなかった。しかし初期ブラームスの音楽に詳しい評論家
ウィリー・カールによって多くの類似点が指摘されると、ビュッケ
ンは音楽関係のエディター、カール・ハッセとともに研究を進め、
この曲を破棄されたブラームスの若いころの作品と結論して、両者
の監修のもとブライトコップ・ウント・ヘルテル社から38年に楽
譜を出版した。ビュッケンとハッセは、この曲は1853年の夏にボ
ンに近いライン左岸の町メーレムで作曲されたと考えていて、した
がって『第1番』のピアノ三重奏曲の初稿（1853-54年）とほぼ同時
期の曲ということになる[1]。ただし自筆譜がないため、他人の手によ
るブラームス風の作品ないし疑作の可能性も捨てきれない。決定的
な新発見でもないかぎりこれ以上はどうにもならないと思われる[2]。

しかし何はともあれ全4楽章30分以上もかかるこの曲が相当の力作であり、美しい旋律に彩られているブラームス風の名品であることは間違いない。改訂前の第1番のピアノ三重奏曲がいかにもあふれる楽想を使いこなしきれない不器用なもたつきをみせているのに比べれば、すっきりとまとまりすぎているぐらいで、そこにこそ疑念がわくほどに洗練されている。

　CDではやはりボーザール三重奏団盤を第一にお勧めしたい。新しい録音でなければということなら、ウィーン三重奏団盤（Naxos）、ウラディミル・アシュケナージ（Pf）／イツァーク・パールマン（Vn）／リン・ハレル（Vc）盤（EMI）、エスカー・トリオ盤（cpo）、トリオ・フォントネ盤（TELDEC, Warner）など、いろいろあるのでお好みで選ばれたい。<sup>(3)</sup>

**注**

（1）「Philips Duo」シリーズの解説を書いているジョン・ウォーラックによれば、楽譜に1853年と記されている。また出版年も1937年と食い違いがある。

（2）中野達哉のブログ「ブラームスの辞書」にある「イ長調三重奏曲調査報告」という記事（2006年11月23日〔http://brahmsop123.air-nifty.com/sonata/2006/11/post_4428.html〕〔2021年12月6日アクセス〕）では、大変興味深いことに音楽記号の使われ方の側面からこの曲の真贋に迫ろうとする試みがなされている。一読を勧めたい。

（3）些末なことではあるが、エスカー・トリオ盤やトリオ・フォントネ盤ではこの曲を『第4番』と表記している。推定される作曲年代も『第1番』よりも少しばかりだが前だし、発見以来これまで第4番と表記してこなかったのだから、いまさらあえて番号を付けるなら『第0番』が適当ではないか。

# 4-7

## マーラー

グスタフ・マーラー『交響的前奏曲』

「交響的前奏曲」　ヤルヴィ盤

　この曲に関する情報は乏しいが、幸い『ブルックナー／マーラー事典』[1]（以下、『B／M事典』と略記）には、渡辺裕による紹介がある。また「Wikipedia」にも熱心な愛好家による書き込みがみられる。[2]さらにブログ「スケルツォ倶楽部」発起人によるディスク・レビュー「若きマーラーの（疑作）交響的前奏曲 Symphonisches Prealudium を聴く」（以下、「倶楽部」と略記）も非常に詳しく、さらに英文だがマーラー財団（Mahler Foundation）のウェブサイト「Compositions controversial (1) Symfonisches Praeludium in c minor」（以下、「財団」と略記）にも参考になる記述がある。[3]これらに書き加えるような新情報はほとんどないが、いくつかの点で事実関係が錯綜している。ここではこれらを参考にまず曲の来歴をまとめよう。

「倶楽部」によると、この曲はハインリヒ・チュピック（?-1950）によって、叔父のルドルフ・クルシシャノスキー（1862-1911）の遺品のなかから1946年前後に発見されたものである。「この手書き譜面は43頁からなる管弦楽スコアになっており、表紙には「Rudolf Krzyzanowski cop.1876」、最終ページには「von Bruckner」と記してあった」とあるように、見つかったのはオーケストラ譜だった。[4]ところが『B／M事典』は、楽譜にはクルシシャノスキーの筆写譜をもとにチュピックがピアノ編曲版を作成したものと明記してあったとして、「この楽譜には楽器指定が書き込まれているとは

いえ、ピアノ編曲であり、作品のオリジナルの姿を伝えるものではない」とも書いている。これは大きな相違点で、実際のところオリジナルの楽譜がどのようなものだったのか、これらの資料だけでは釈然としない。いずれにせよ、アントン・ブルックナー（1824-96）がもともとの作曲者としてクレジットされていたという点は、「倶楽部」『B／M事典』両方に書いてある。

　マーラー作曲説の根拠というのはずいぶん怪しい。『B／M事典』は、ブルックナー云々の下のところに、「これがマーラーが音楽院の試験のために書いた作品なのではないかという誰が書いたのかわからない書き込み」があると記しているが、「倶楽部」はそのような書き込みがあったことにはふれていない。マーラー説に関しては、「チュピックが接触した音楽家のなかには、クルシシャノスキーとマーラーの関係（二人ともブルックナーの弟子であり、第3交響曲のピアノ編曲を共同で作成した縁がある）から、これを「マーラーの習作ではないか」との推測を下す者がいた」とし、さらに「そのような意見とともに眠っていた資料をマーラー学者ポール・バンクス Paul Banks が再発見し、この曲を「マーラーの習作」として広く紹介した」と記している。「財団」によれば、1979年の再発見当時、バンクスはオリジナルのスコアについても、49年の初演についてもまったく知らなかった。なぜならオリジナルの楽譜は初演後クルシシャノスキーの遺族に返されて私的に保管されつづけたし、作られていたコピーはブルックナー学者レオポルド・ノヴァーク（1904-91）が私有してオーストリア国立図書館（ANL）に戻されなかったからである。バンクスはゲルトルート・スタウブ＝シュレープファー（生没年不詳）の所持していた4段の総譜スケッチをANLで見つけ出し、スタウブ＝シュレープファーの示唆を受け継いで、これをマーラーの初期作品と考えたのである。その結果、「バンクスが再発見した資料には4段の総譜スケッチしかなかったため、アルベルト・グエルシング Albert Guersching が「マーラー風に」管弦楽法を補作した」版が流布することになり、未知のマー

ラーの作品として、81年にはローレンス・フォスター指揮、ベルリン放送交響楽団によって初演され、92年にはネーメ・ヤルヴィ指揮、スコットランド国立管弦楽団の演奏が録音され、Chandos レーベルからリリースされた。

　他方で1985年にウォルフガング・ヒルトル（生没年不詳）はミュンヘンにあったオリジナルの譜面にたどり着き、これを「元々、ブルックナーが管弦楽法の練習のために書いたスコアの断章があり、クルシシャノスキーがブルックナーからそれを譲り受け、補作し完成させたものであろう」と考えて、2002年ドブリンガー社から出版した。<sup>(6)</sup>しかし、現在でもオリジナルのスコアに基づいた演奏や録音はないようであり、ヒルトルの発見は黙殺されたものになっている。<sup>(7)</sup>おそらくは若き日のマーラーの作品としてのほうが、真偽は別にして商業価値があるからと考えられるが、一方では真相が明らかになって曲がマーラーのものでないことは動かしようがないためか、ヤルヴィ以後この曲を取り上げる指揮者も出ないようである。

　曲は7分程度のもの。チェロがつぶやく冒頭部からトゥッティにいたるまでの弦楽器の盛り上がり方や、金管楽器群の咆哮、さらに終結部など、全体としてはブルックナーを思わせる箇所が多い。一方で、嵐が静まったあとの木管楽器やホルンの美しいパッセージや、ハープの絡み方などは、いかにもマーラーが書きそうな音楽である。いずれにせよ、そもそも出自がよくわからない楽譜なうえに、オリジナル版による演奏ではないので、真作も偽作もないわけだが、曲そのものは結構楽しめる。短いが後期ロマン派のドラマチックな大規模管弦楽曲として、コンサートの1曲目にもってこいだと思うのだが。

注
（1）根岸一美／渡辺裕監修『全作品解説事典 ブルックナー／マーラー事典』東京書籍、1993年
（2）「ブルックナーの管弦楽曲・吹奏楽曲」「Wikipedia」［2021年12月

7日アクセス〕

（3）「若きマーラーの（疑作）「交響的前奏曲 Symphonisches Prealudium」を初めて聴く。」「スケルツォ倶楽部」（http://scherzo111.blog122.fc2.com/blog-entry-341.html）、「Compositions controversial」「財団（Mahler Foundation）」（https://mahlerfoundation.org/mahler/compositions/zoneless/compositions-controversial/）〔ともに2021年12月7日アクセス〕

（4）「財団」では1949年に発見を公開したとある。それによれば、初演はいったんフォルクマール・アンドレーエ指揮、ウィーン・フィルで検討されたものの実現せず、結局1949年9月7日にフリッツ・リーガー指揮、ミュンヘン・フィルによってなされた。

（5）もう1つの日本語による資料として、長木誠司『グスタフ・マーラー全作品解説事典』（立風書房、1994年）もあるが、そこでの記述も『B／M事典』とほぼ同じ内容になっている。

（6）楽譜はブルックナー作曲、ヒルトル校訂／ベンヤミン＝グンナー・コールス編曲と記されている「Symphonisches Praludium: Orchestersatz c-moll 交響的前奏曲」「アカデミア・ミュージック」（https://www.academia-music.com/products/detail/119399）〔2021年12月7日アクセス〕。

（7）「財団」では、2006年時点までプロフェッショナルな楽団による演奏例はないとしている。

[著者略歴]

**近藤健児**（こんどう けんじ）
1962年、愛知県生まれ
中京大学経済学部教授
専攻は国際経済学
著書に『クラシックCD異稿・編曲のたのしみ』『辺境・周縁のクラシック音楽1』『辺境・周縁のクラシック音楽2』『絶版文庫万華鏡』『絶版新書交響楽』『絶版文庫交響楽』（いずれも青弓社）など

**久保 健**（くぼ たけし）
1959年、山口県生まれ
佛教大学大学院文学研究科修士課程修了
バッハ愛聴家

# クラシック偽作・疑作大全

発行 ──────── 2022年6月22日　第1刷

定価 ──────── 2400円＋税

著者 ──────── 近藤健児／久保 健

発行者 ──────── 矢野恵二

発行所 ──────── 株式会社青弓社

〒162-0801 東京都新宿区山吹町337
電話 03-3268-0381(代)
http://www.seikyusha.co.jp

印刷所 ──────── 三松堂

製本所 ──────── 三松堂

ⓒ2022
ISBN978-4-7872-7446-5　C0073

青弓社の既刊本

近藤健児

# 辺境・周縁のクラシック音楽1
## イベリア・ベネルクス篇

クラシック盟主国の周辺国で、大作曲家の影響とその国の民族音楽を融合して築いた辺境・周縁のクラシックを発掘して紹介する。ローカル盤入手の苦労話や作曲家の人生の裏話も満載。　定価2000円＋税

---

近藤健児

# クラシックCD
# 異稿・編曲のたのしみ

作曲者が自分の作品を改訂して異稿ができたり本人や他者がオーケストラ曲などをピアノ曲に編曲することは珍しくない。モーツァルトやベートーヴェンなど9人の異稿・編曲のCDを発掘して紹介。定価1600円＋税

---

平林直哉

# クラシックの深淵

名盤・奇盤のレビューや業界裏事情、CD制作秘話とピッチの過剰修正の指摘、TPP締結による損害までを赤裸々に語り、深い造詣から繰り出す批評が読む者をクラシックの深淵に誘う。　定価1600円＋税

---

高橋清隆

# クラシック廉価盤ガイド

ボックスセットのCD、雑誌付録の試聴盤、NAXOSなどの廉価盤の想像を超える魅力や演奏の見極め方、購入時のエピソードを交え、聴き込んだ耳で選んだ代表的な25曲をガイドする。　定価1600円＋税